上海市哲学社会科学规划一般课题
"海外社交媒体传播中的中国国家形象建构研究"
（批准号：2019BXW005）最终成果

社科 VIEW

杨桃莲 / 著

上海社会科学院出版社

海外社交媒体传播中的中国国家形象建构

Research on the Construction
of the Image of China
in Overseas Social Media

序　言

杨桃莲教授新作《海外社交媒体传播中的中国国家形象建构》即将出版，邀我为之作序，欣然允之。

本书以海外社交媒体为研究对象，探讨与研究海外社交媒体传播中的中国国家形象建构问题，具有强烈的问题意识和现实针对性，也有一定的理论意义。当下，随着互联网和移动技术的迅猛发展，社交媒体已渗透到社会生活的方方面面，成为网络用户获取和分享信息、发表意见和观点的主要平台，从而也成为建构国家形象的重要平台。

在研究中，杨桃莲教授发现，进入社交媒体时代后，以往的国家形象建构主要由政府或主流媒体承担、人们对国家形象的认知也往往来自主流媒体传播的现象已大为改变，社交媒体已成为公共外交的重要"场所"，对公众国家形象的认知和评价具有不可忽视的影响与作用。但是，现有研究主要倾向于传统主流媒体的社交媒体化所建构的国家形象，一定程度上忽略了积极使用社交媒体的一般网民对国家形象的建构作用，对网民的"外交"能力缺乏应有的重视。

因此，杨桃莲教授在本书中聚焦于研究海外社交媒体中多元化传播主体对中国的国家形象建构，重点考察网民在社交媒体中对国家形象的塑造，有助于国家了解网民对中国国家形象的认知和评价，从而促进国家对自身形象的积极塑造。此外，本书还在传播主体、传播内容、传播互动等方面提出了一些有价值的策略和建议。

　　本书在谋篇布局上逻辑性很强，正文共分六章，结构合理，思路清晰。绪论交代了选题缘起、研究内容、研究方法等问题。在研究方法上，运用数据挖掘及内容分析、网络民族志、文本分析法、焦点事件、典型案例的多元化研究方法，发掘出了大量海外社交媒体传播中的翔实的第一手资料。第一章梳理了海外社交媒体的发展，国家形象的概念内涵，以及海外社交媒体与中国国家形象的关联。突出了海外社交媒体是建构中国国家形象的重要平台，网民是建构中国国家形象的主体，以及海外社交媒体塑造中国国家形象的重要意义。第二章分析了海外社交媒体建构中国形象的传播者主体从"一元"到"多元"、从"官方"到"民间"、从"外宣"到"传播"的整体特征，国内外不同传播主体的差异化特征，以及传播者传播中国文化、提升中国好感度、全面塑造中国形象的重要意义。第三章利用数据挖掘与词频分析等方法，揭示了海外社交媒体建构中国形象的主要内涵，比较了网民、国内外主流媒体建构中国形象的差异及其原因。第四章探讨了海外社交媒体"自塑""他塑""合塑"中国形象的目的及传播策略。第五章分析了海外社交媒体分别在传播主体、传播内容和形式、受众方面的传播效果，进而提出了传播效果对建构中国形象策略的启示。最后一章讨论了在中国形象塑造的全新语境下海外社交媒体建构中国形象的优化路径。

　　在研究中，杨桃莲教授发现，在传统媒体时代，我国媒体对中国形象的塑造主要是通过自上而下的官方媒体进行"对外宣传"，而社交媒体时代，人人均可进行"国际传播"，不再只注重"我们说"，更注重大家"听得清""听得懂"，人人都是讲好中国故事的践行者。她认为，在当前复杂的国际形势下，我国对外形象塑造要有系统传播思维、全民外交意识；传播主体要多元协同，形成"合力"，并活用传播技巧，特别是要对海外受众进行精准传播，全方位打造立体中国形象，提升中国的影响力。

就研究渊源而言，本书源于上海市哲学社会科学规划一般课题的结项成果。在课题结项时，该成果获得了"良好"的结项成绩。杨桃莲教授在此基础上又作了大量的修改，最终打磨出这本对我国国家形象的对外传播具有重要参考价值的专著。

在此，诚望更多读者垂青并不吝提出宝贵意见！

复旦大学新闻学院学术委员会主任、教授、博导

黄 瑚

2024 年 8 月 20 日

目　录

绪　论 ……………………………………………………… 1
　第一节　选题缘起、研究述评及研究意义 ………………… 1
　　一、选题缘起 …………………………………………… 1
　　二、国内外研究述评 …………………………………… 3
　　三、研究意义 …………………………………………… 10
　第二节　研究内容、主要观点及创新点 …………………… 11
　　一、研究内容 …………………………………………… 11
　　二、主要观点及创新点 ………………………………… 13
　第三节　研究对象、研究方法及研究伦理 ………………… 14
　　一、研究对象 …………………………………………… 14
　　二、研究方法 …………………………………………… 15
　　三、研究伦理 …………………………………………… 16

第一章　海外社交媒体与中国国家形象 …………………… 17
　第一节　海外社交媒体的发展 ……………………………… 17
　　一、社交媒体的定义及特征 …………………………… 17
　　二、海外社交媒体的发展现状 ………………………… 19
　　三、推特的发展 ………………………………………… 21

四、选取推特为研究对象的原因 …………………… 26
第二节 国家形象的概念内涵 ……………………………… 29
一、国家形象的定义 ………………………………… 30
二、国家形象的要素 ………………………………… 33
三、国家形象的意义 ………………………………… 37
第三节 海外社交媒体与中国国家形象的关联 …………… 40
一、海外社交媒体：建构中国国家形象的重要平台 …… 40
二、海外社交媒体中的网民：建构中国国家形象的
主体 …………………………………………………… 41
三、海外社交媒体塑造中国形象的重要意义 ………… 42
本章小结 ………………………………………………………… 45

第二章 海外社交媒体建构中国形象的传播者主体特征 ……… 46
第一节 海外社交媒体建构中国形象的传播者整体特征 …… 47
一、从"一元"到"多元"，机遇与挑战并存 …………… 47
二、从"官方"到"民间"，大批"网红"成功
"出海" ……………………………………………… 49
三、从"外宣"到"传播"，讲好中国故事 …………… 51
第二节 海外社交媒体建构中国形象的传播者 …………… 53
一、海外社交媒体的国内传播主体及特征 …………… 54
二、海外社交媒体的国外传播主体及特征 …………… 64
第三节 海外社交媒体传播者的重要意义 ………………… 68
一、传播中国文化 …………………………………… 69
二、提升对中国的好感度 …………………………… 70

三、全面塑造中国形象 …………………………………… 71
　本章小结 …………………………………………………… 71

第三章　海外社交媒体建构中国形象的主要内涵 ………… 73
　第一节　海外社交媒体平台的数据搜集与词频分析 ……… 74
　　一、海外社交媒体平台的数据搜集与整理 ……………… 74
　　二、海外社交媒体文本的词频分析 ……………………… 75
　第二节　网民建构的中国形象 ……………………………… 82
　　一、经济：促进全球经济发展的国家形象 ……………… 83
　　二、政治：影响世界的多元外交大国形象 ……………… 87
　　三、文化：跨文化交流繁荣的国家形象 ………………… 88
　　四、科技：科技冷战中备受打压的国家形象 …………… 92
　第三节　国内外媒体建构的中国形象 ……………………… 98
　　一、国外媒体建构的中国形象 …………………………… 98
　　二、国内媒体建构的中国形象 …………………………… 117
　第四节　海外社交媒体建构中国形象的差异化特征及
　　　　　原因 ……………………………………………… 128
　　一、海外社交媒体建构中国形象的差异化特征 ………… 128
　　二、海外社交媒体建构中国形象存在差异的原因 ……… 134
　本章小结 …………………………………………………… 136

第四章　海外社交媒体建构中国形象的目的及策略 ……… 138
　第一节　海外社交媒体建构中国形象的目的 ……………… 139
　　一、"自塑"中国形象的目的 ……………………………… 139

二、"他塑"中国形象的目的 ………………………… 148
　　三、"合塑"中国形象的目的 ………………………… 150
第二节　海外社交媒体建构中国形象的策略 …………… 156
　　一、积极的对外传播策略 …………………………… 156
　　二、应对负面舆论的传播策略 ……………………… 161
本章小结 …………………………………………………… 162

第五章　海外社交媒体建构中国形象的效果 ………… 164
第一节　海外社交媒体传播主体的传播效果 …………… 165
　　一、官方媒体矩阵：建构全面中国形象 …………… 165
　　二、"网红"出海：打造立体中国形象 …………… 167
　　三、普通网民互动：塑造真实中国形象 …………… 170
第二节　海外社交媒体传播内容和传播形式的传播
　　　　效果 ……………………………………………… 172
　　一、传播内容："软传播"议题引发全球关注 …… 172
　　二、传播形式：短视频引发跨文化共鸣 …………… 174
第三节　受众视角影响传播效果 ………………………… 175
　　一、利益视角：短期利益视角影响传播理念理解 … 176
　　二、文化视角：文化语境差异影响传播交流 ……… 177
　　三、社会视角：舆论引导影响传播关注焦点 ……… 179
第四节　传播效果对建构中国形象策略的启示 ………… 180
　　一、建构主体：多元协同建构中国形象 …………… 180
　　二、形象定位：官方发挥带头作用 ………………… 182
　　三、传播内容：建设对外话语体系 ………………… 183

本章小结 ………………………………………………… 185

第六章　海外社交媒体建构中国形象的优化路径 ………… 186
　第一节　中国形象塑造的全新语境 …………………… 186
　　一、媒介技术演变：社交媒体成为主流 ……………… 186
　　二、经济实力：西强东弱到东升西降 ………………… 188
　　三、政治境遇：国际关系错综复杂 …………………… 190
　　四、文化交融：跨文化传播成为主旋律 ……………… 192
　第二节　建构中国形象的优化路径 …………………… 193
　　一、增强系统传播思维、全民外交意识 ……………… 195
　　二、多元主体协同：官方与民间联动、自我与"他者"
　　　　兼具 …………………………………………… 196
　　三、形象内涵：全方位打造立体中国，讲好中国故事 …… 199
　　四、活用传播技巧：扩大影响力 ……………………… 204
　　五、受众策略：精准传播、"本土化"传播 …………… 206
　　本章小结 ………………………………………………… 208

结　语 ……………………………………………………… 210

主要参考文献 ……………………………………………… 214

后　记 ……………………………………………………… 229

绪　论

第一节　选题缘起、研究述评及研究意义

一、选题缘起

随着互联网和移动技术的迅猛发展，社交媒体作为网络用户获取和分享信息、发表意见和观点的重要平台，已渗透到社会生活的方方面面。

社交媒体将社会性作为本质属性融于技术之中，将人与人相连接，具有广泛参与性、互动性、对话性、开放性、复向传播性、跨界性、圈层性等特征。又因其具备技术优势而具有即时传播、海量信息、去中心化等传播特点，① 突破了原有单一的"传者-受者"的传播格局，海量信息通过用户生产、内容分发，改变了人们认识世界的方式。社交媒体的低门槛技术使得其具有亲民性，普通网络用户因之拥有了话语权，在社交媒体上有自己的一席之地，在信息传播、国家形象塑造方面扮演着重要的角色。

国家形象是一个重要且宏大的课题。20多年来，我国的国家形象传播从单向转向双向。1995年，中国政府新闻发言人制度的正式

---

① 王斌、戴梦瑜：《迭代生产与关系建构：社交媒体中的国家形象塑造机制》，《兰州大学学报（社会科学版）》2017年第5期。

确立，使"向世界说明中国"取代"向世界宣传中国"，成为我国对外传播的指导理念，传播国家形象已成为一种国家战略。[①] 在国际形势日趋复杂多变的情况下，如何能够"讲好中国故事"成为亟须探索的方向。

以往的国家形象建构主要由政府或主流媒体承担，人们对国家形象的认知也往往来自主流媒体的传播。而进入社交媒体时代，社交媒体已经成为公共外交的重要"场所"，建构国家形象的重要平台，也对公众国家形象的认知和期待起到了不可忽视的作用。我国主流媒体、官方机构纷纷走出国门，在国外社交媒体平台注册账号，通过多种途径"向世界介绍中国"。从社交媒体的运作方式来看，用户是社交媒体内容生产的核心，基于社交媒体内容生产的方式，用户也会成为塑造中国国家形象的主体。无论是身处中国的普通民众，还是国外关心中国的国际友人，都会成为传播中国国家形象的主体。社交媒体的去中心化也使得话语权从主流媒体、官方扩散到非官方、普通大众的手上。用户在社交媒体上对与国家形象有关的内容进行评论、点赞、分享，这也是在传播的动态过程中塑造国家形象。这种来自"民间"塑造的国家形象，是用户自身对国家形象的认知、情感和评价，是社交媒体中国国家形象呈现的重要部分。

在社交媒体中塑造国家形象，要以用户为中心，才能实现传播效果的最大化。这就需要从用户的角度出发，了解社交媒体中的用户如何建构国家形象，如何表达自身对国家的认知、情感和评价，深究其生成逻辑，理解海外社交媒体用户对中国国家形象的偏见和

---

① 李斌：《新华社海外社交媒体的国家形象传播策略》，《青年记者》2017年第26期。

误解产生的原因,以求为对外传播策略提供可行性建议。

二、国内外研究述评

(一)国内研究现状

国内关于此选题的研究主要聚焦于以下三个方面。

1. 新媒体环境下国家形象塑造的重要性、变化特征、变化机制、话语战术、塑造技巧等

杜香、曹雁指出,如何通过互联网实现有效的跨文化传播,将真实的中国展示在世界面前,是摆在网络媒体面前一条很艰难的道路,需要我们去不断地探索。① 陈蓉指出,全面探索新媒体对于国家形象中的"客体形象"认知和对"认同形象"形成的巨大影响,以及尝试发现如何借助新媒体来有效传播中国的"国家形象",是当前国家形象塑造中一个极具理论探讨价值与现实迫切性的重大课题。② 欧亚婷、廖伶欣首先指出了在社交媒体的支撑下构建中国海外文化形象的必要性,并统计了《人民日报》(英文站)在2015年下半年发布的消息。根据数据分析结果得知,作为脸谱网(Facebook)上第二大粉丝量的报业并没有很好地利用新媒体平台对中国文化形象进行塑造,该文章还分别从宏观和微观层面分析潜在的原因,最后借用管理学模型为中国海外文化形象构建提出一些策略和建议,论证了构建一个新媒体国家形象管理体系的可能性。③

---

① 杜香、曹雁:《提升网络媒体对国家形象的传播力》,《东南传播》2012年第10期。
② 陈蓉:《新媒体视阈中的中国国家形象建构》,《现代传播》2011年第11期。
③ 欧亚婷、廖伶欣:《社交媒体构建中国海外文化形象的策略分析——以2015年〈人民日报〉(英文站)在Facebook上活跃度为例》,《海外华文教育》2017年第1期。

张爱凤指出，媒介符号、传播方式对国家形象的塑造和传播带来重大影响，13世纪至21世纪，中国的国家形象在文字媒介、视听媒介以及新媒介的变迁中经历了由崇拜到贬抑、由单一到多元、由感性到理性等多方面的嬗变。[1]

王斌、戴梦瑜认为，在新的传播平台上，国家形象的塑造机制发生改变，提倡应在充分了解用户的角色和作用基础上，结合传统媒体与社交媒体各自优势，协同塑造国家形象。[2] 路璐指出，新媒体语境中国家形象传播要厘清"话语战场"的新特点，即开放性的话语体系、控制的本质与全方位的国家形象"攻防战"，并认为结构、意义和集体动员与社会现象这三大构成元素在微观与宏观、虚拟空间与社会母体之间组成了新的"话语战术"。[3] 董媛媛、田晨认为，短视频以丰富的视听表达成为社交媒体时代建构国家形象的重要力量。作者基于视觉说服的视角，分析了我国社交媒体上短视频的视觉符号，探究其传播方式、考察其说服技巧及其对国家形象的建构作用。[4] 王沛楠以内容分析法观察当前中国互联网企业海外短视频平台上的中国形象，通过研究抖音短视频国际版（TikTok）平台中"我们来自中国"标签下获得较高点赞量的视频，探讨了短视频平台对外传播的潜力、优势及阻碍，并摸索如何借助短视频平

---

[1] 张爱凤：《媒介变迁与中国国家形象的嬗变》，《南京社会科学》2011年第11期。
[2] 王斌、戴梦瑜：《迭代生产与关系建构：社交媒体中的国家形象塑造机制》，《兰州大学学报（社会科学版）》2017年第5期。
[3] 路璐：《新媒体语境下的国家形象传播话语博弈研究》，《南京社会科学》2016年第3期。
[4] 董媛媛、田晨：《社交媒体时代短视频传播与国家形象建构》，《当代传播》2018年第3期。

台推动中国国家形象的海外传播。①

张立春以三大央媒VKnotakte（简称VK）账号（俄罗斯社交网络平台）关于"新中国成立70周年"的报道为例，通过文本分析，得出该系列报道在对外宣传中充分展现出中国"开放、强大、中俄友好、和谐"的国家形象。② 张举玺、王琪以李子柒在油管（YouTube）平台发布的视频为例，分析中国"网红"群体展现的中国国家形象特征，认为李子柒发布的系列视频从文化、人物、环境角度入手，展现了"四季有别、饮食多样、邻里和睦、互助友爱、环境优美、天人合一"的中国国家形象。③ 宋海燕对来华留学生进行了问卷调研和访谈，认为来华留学生经常主动在自己的社交账号上分享中国美食、旅行风景、文化体验活动等，从不同侧面呈现了"丰富多彩、生动立体的中国形象"，塑造了"可信、可爱、可敬的中国形象"。④

2. 中国主流媒体利用西方社交媒体对中国形象的建构

彭伟步论述了如何借西方社交媒体助力传播中国信息，打开西方公众对认知中国的窗口，提出要学会在西方社交媒体中进行中华文化传播的技巧与方式等观点。⑤ 李琦指出，《人民日报》（海外

---

① 王沛楠：《中国互联网企业海外短视频平台上的中国形象分析——以短视频平台TikTok为例》，《电视研究》2019年第4期。
② 张立春：《社交媒体时代国家形象的塑造——以三大央媒VK账号"新中国成立70周年"报道为例》，《传媒》2020年第11期。
③ 张举玺、王琪：《论新公共外交视域下中国网红对国家形象构建的作用——以YouTube平台中国网红李子柒为例》，《新闻与传播评论》2021年第5期。
④ 宋海燕：《中国国家形象的"他者"传播：来华留学生的中介机制》，《新闻爱好者》2021年第8期。
⑤ 彭伟步：《借力西方社交媒体，推动中华文化海外传播的价值与可行分析》，《中国记者》2017年第7期。

版）相关报道运用百姓视角、故事化言说与"他者"符号等叙事策略,建构了繁荣发展的盛世中国、平等和谐的民主中国与和平崛起的友好中国形象。① 刘煦尧、许静以脸谱网平台的央视网(CCTV)全球页账号为研究对象,对媒体国家形象塑造进行了效果分析,发现其传播具有较强的内容导向和属性定位,新闻内容呈现集中于文化、政治和社会等题材类型,对于提升国家形象,增强国家软实力起到了积极的推动作用。② 韦笑、潘攀以中国国际电视台(CGTN)在脸谱网平台上的主页为研究对象,梳理了中国国际电视台如何通过其脸谱网平台主页中的新闻报道构建中国形象,探讨其社交媒体传播策略和效果,为优化外宣媒体在社交媒体的对外传播策略提供参考,提出注重受众体验、形成差异化优势、建立对话模式、"硬新闻"与"软新闻"并重的对外传播优化策略。③ 安珊珊、栗兴维从媒体的品牌辨识度、话语建构力和品牌延展度等方面,详细分析了我国主流媒体在海外社交媒体上的品牌塑造和信息传播情况,并从统筹整合信息资源的角度,为进一步提升主流媒体的海外传播力提出了可行方案。④

3. 国外社交媒体报道中的中国"他者形象"

张兆卿以英国广播公司(BBC)与美国有线电视新闻网

---

① 李琦:《中国国家形象的媒介呈现与建构——基于〈人民日报〉(海外版)十九大报道的考察》,《湖南师范大学社会科学学报》2018年第3期。
② 刘煦尧、许静:《媒体国家形象塑造效果及策略分析——以 Facebook 中的央视网 CCTV 全球页账号为例》,《对外传播》2017年第1期。
③ 韦笑、潘攀:《社交媒体时代中国国家形象的对外传播策略——基于2017年 CGTN 海外社交媒体的中国报道分析》,《传媒》2018年第19期。
④ 安珊珊、栗兴维:《中国主流媒体的 Twitter 传播力与国家形象建构》,《中华文化与传播研究》2017年第1期。

(CNN）在推特（Twitter）平台上的涉华推文为研究对象，采用内容分析法与话语分析法，对 2017 年下半年两家媒体涉华推文的政治、经济、社会、中国与国际社会关系四个维度进行研究。发现两家媒体对中国"他者"呈现的差异进行了异质化描述，并在过程中对事件进行了简单化叙述，对中国形象进行了标签化处理，通过凝视与被凝视者的视角建立一种不平等关系，由此建构中国"他者"形象。[①] 郑承军、唐恩思选取了美国《华尔街日报》《纽约时报》以及英国广播公司、《金融时报》等英美两国的主流媒体在脸谱网和推特平台上有关中国的报道，与新华社、《人民日报》、中国国际电视台、《中国日报》等国内媒体的宣传报道进行对比和分析，指出西方主流媒体本土化宣传的优点值得我们学习借鉴，也为青年参与中国海外社交媒体形象塑造提供了策略与建议。[②]

由上可知，国内相关研究主要倾向于研究国内外传统媒体在社交媒体上对国家形象的建构，只有极少数研究关注普通网民在社交媒体中对国家形象的建构，这使得本书具有了创新意义。

（二）国外研究现状

国外近几年尚没有将"社交媒体"与"国家形象"相结合的研究，只有极少数关于"国家形象"的研究，主要集中在以下两方面。

[①] 张兆卿：《社交媒体上中国"他者"国家形象研究——以 BBC、CNN 在 Twitter 上的发文为例》，《新闻研究导刊》2018 年第 5 期。
[②] 郑承军、唐恩思：《青年镜像：中国形象在海外社交媒体上的传播与塑造》，《中国青年社会科学》2020 年第 6 期。

1. 国家形象的对外传播

萨娜·伊姆兰（Sana Imran）从公共关系的视角指出，国家品牌有助于突出一个国家所期望的国家形象。它不仅可树立一个国家的软形象，而且可培养一种更深层次的国内外群众的民族主义意识。此外，国家品牌也有助于扩大外商直接投资，扩大旅游基地规模，扩大对世界市场的出口范围。作者认为，发展中国家和欠发达国家在努力构建和管理他们想要的软形象。[1] 李莉（Li Li）指出，随着中国经济的蓬勃发展，中国政府开始以出版翻译作品向外界宣传其文化，从而树立积极的国家形象。但出版翻译作品存在许多问题：如翻译什么，如何翻译，以及如何接收、传播的问题。作者认为，只有通过成功的跨文化交流，才能实现中国在另一个国家的国家形象建设，在这种情况下，翻译作品的产生和接受，真正重要的是质量而不是数量，真正重要的是外部世界对翻译作品的兴趣，而不是中国的宣传。[2]

2. 国家的"他者形象"

张翠（Cui Zhang）采用一级和二级议程设置研究了媒体显著性、公众舆论和政策议程如何影响美国对他国的看法。文章运用三角测量检查了媒体报道、舆论和总统公文。结果表明，媒介显著性提高了人们对美国媒体所提到的外国重要性的认识。这项研究发现，媒体报道中的外国凸显度和总统公文中的外国凸显度有很强关系，这说明政策议程没对公共议程产生影响。在二级议程设定方

---

[1] Imran, S. (2017). Reshaping the National Image of Azerbaijan through Nation Branding Endeavours. *Khazar Journal of Humanities and Social Sciences*, (4).
[2] Li, L. (2016). Construction of China's National Image through Translation: Problems and Solutions. *Intercultural Communication Studies*, (3).

面，新闻报道负面语调与总统公文、公众舆论之间存在相关性。相反，三个议程中的正面语调则不相关。① 伊曼纽尔·卡斯塔诺（Emanuele Castano）和阿兰·博纳科萨（Alain Bonacossa）等人认为，国际形象理论（IIT）提倡个人维持对其他国家的整体形象，从而可塑造态度和外交政策偏好。② 陈怀林（Huailin Chen）考察了国家在奥运会上的表现是否会影响中国观众眼中的国家形象。该项目以议程设置和培养分析理论视角为指导，旨在检验高度宣传的奥运会是否像政治家和政府宣称的那样，具有全球公认的提升国家形象的效果。根据小组调查和2004年、2008年奥运奖牌指数的数据，研究发现，对大多数国家来说，他们在奥运会上的总体表现在有限范围内变化。只要一个发达国家能够保持在自己的水平之内，其国家形象就不可能变差。同时，只要发展中国家不进入奥运冠军的"精英俱乐部"，赢得几枚奖牌就不会导致其国家形象的积极性变化。③ 艾克瑙尔（Eichenauer）等人对中国"走出去"及帮扶政策进行研究，他们选取18个拉丁美洲国家，分析这些国家对中国形象的认知，发现中国形象确实在经济合作中有所提升。④ 奥利弗·

---

① Zhang, C. (2012). International Coverage, Foreign Policy, and National Image: Exploring the Complexities of Media Coverage, Public Opinion, and Presidential Agenda. *International Journal of Communication*, (6): 76-95.
② Castano, E., Bonacossa, A., & Gries, P. (2016). National Images as Integrated Schemas: Subliminal Primes of Image Attributes Shape Foreign Policy Preferences. *Political Psychology*, (3).
③ Chen, H. (2012). Medals, Media and Myth of National Images: How Chinese Audiences Thought of Foreign Countries during the Beijing Olympics. *Public Relations Review*, 38.
④ Eichenauer, Andreas, Brueckner&Lutz. (2018). The Effects of Trade, Aid, and Investment on China's Image in Developing Countries. IDEAS Working Paper Series from RePEc.

特纳（Olive Turner）等人阐释中国形象在美国大众印象中的流变，美国大众以"他者"的身份，解读中国文化、中国生活，对中国存在刻板印象。①

国外对社交媒体中的国家形象建构研究这一论题关注较少，这使得本书具有了创新性意义。

三、研究意义

（一）理论意义

关于此选题的研究主要倾向于传统主流媒体的社交媒体化所建构的国家形象，而忽略了积极使用社交媒体的一般网民。因而本书重点考察社交媒体的具体使用者——普通网民，探讨他们如何在自己的社交媒体上建构国家形象，可充实丰富原有成果。此外，从形象建构理论对社交媒体上的国家形象进行分析，也具有理论上的创新性意义。

（二）现实意义

据第53次《中国互联网络发展状况统计报告》显示，截至2023年12月，我国网民规模达10.92亿人，普及率达77.5%。我国手机网民规模达10.91亿人，网民使用手机上网的比例高达99.9%；使用台式电脑、笔记本电脑、电视和平板电脑上网的比例分别为33.9%、30.3%、22.5%和26.6%。我国网络视频用户规模为10.67亿人，占整体网民的97.7%。其中，短视频用户规模为

---

① Thi, H. T., & Turner, O.（2015）. American Images of China. *European Journal of American Studies*.

10.53 亿人，占整体网民的 96.4%。我国网络直播用户规模达 8.16 亿人，占整体网民的 74.7%。① 据《2024 社交媒体全球使用趋势报告》显示，截至 2023 年 4 月，社交媒体用户为 48 亿人，占全球总人口的 59.9%。中国是社交媒体用户最多的国家，其次是印度、美国。②

考察网民在社交媒体中对国家形象的塑造，有利于国家和政府了解网民对中国国家形象的认知和评价，从而有助于促进国家对自身形象的积极塑造。此外，在社交媒体平台进行国家形象建构是一个新鲜话题，更是一个新鲜实践，对传播主体、传播内容、传播互动等提出策略和建议亦具有极强的操作价值。

第二节　研究内容、主要观点及创新点

一、研究内容

（一）海外社交媒体与中国国家形象

社交媒体已经成为当前信息传播的主要平台，不仅变革了当前的传播权力格局，而且改变了人们认知世界的方式。在这样的格局下，不仅传统媒体在建构国家形象，普通网民在社交媒体上的言行也成为国家形象建构的一部分。

此部分主要考察社交媒体当前的传播形态和传播特点，并考察

---

① 中国互联网信息中心：第 53 次《中国互联网络发展状况统计报告》，https://www.cnnic.net.cn/NMediaFile/2024/0325/MAIN1711355296414FIQ9XKZV63.pdf，2024 年 3 月 25 日。
② 维卓：《2024 社交媒体全球使用趋势报告》，速查报告库，2024 年 5 月 31 日。

这些形态和特点在什么层面上与国家形象建构产生关联，以及产生了怎样的关联。在此基础上，进一步分析普通网民在海外使用社交媒体对于中国国家形象建构的影响。通过此部分的分析，我们可知道海外社交媒体影响中国国家形象的机制，为后面分析如何进行国家形象建构提供依据。

（二）海外社交媒体建构中国形象的传播者主体特征

此部分分析海外社交媒体中建构中国国家形象的传播者主体特征，明确建构中国国家形象的是哪些传播者，以及他们所具备的特征。传播者主体具有自己的角色和背景，其对中国国家形象的建构带有自己的个性特征。

（三）海外社交媒体建构中国形象的主要内涵

此部分主要采用文本分析，阐明海外社交媒体对中国国家形象建构的内涵，即传播者利用社交媒体建构了怎样的中国国家形象。

（四）海外社交媒体建构中国形象的目的及策略

此部分分析海外社交传播者建构中国国家形象的目的，以及为了达到这种目的而使用的传播策略和技巧。

（五）海外社交媒体建构中国形象的效果

此部分分析海外社交媒体建构中国国家形象所产生的效果，从建构主体、传播内容与传播形式、受众视角上分析所取得的传播效果和存在的问题，及其在建构主体、形象定位、传播内容上的启示。

（六）海外社交媒体建构中国国家形象的优化路径

此部分根据前一阶段发现的问题，从传播思维、外交意识、建构主体、形象内涵、传播技巧、受众策略来分析未来中国形象建构上的重点和要点，从而优化当前社交媒体对中国形象的海外传播实践。

二、主要观点及创新点

（一）主要观点

（1）过去建构中国国家形象的主体主要是国家及传统媒体，但在社交媒体快速发展的今天，普通网民也成为建构国家形象的主力军。网民们在社交媒体上的国家形象建构行为值得我们重视，因为他们的话语表达影响着海外公众对中国形象的认知与评价。

（2）过去国家形象建构主要基于对外宣传，采用的是上对下的话语表达形式；而在社交媒体上的国家形象建构则基于普通网民们之间双向平等的交流，因而其话语亲和力更强，更易令人接受。

（3）海外社交媒体是中国形象输出的窗口，因而海外社交媒体的使用者值得国家和政府重视。国家和政府可建立数据库，把社交媒体中的"网红"或其他公众人物，当作积极建构国家形象的"意见领袖"，与之建立密切的联系，促进其传播正面的中国形象，以增进公众对中国的认知与理解。

（二）创新点

1. 选题新

尽管国家形象建构是一个相对成熟的研究领域，但是在社交媒体中如何构建国家形象则是一个较新的议题。尤其是社交媒体的叙事风格相对微观,更需要从小的叙事角度来构建内容,这与过去国际追求宏大叙事的风格完全不同,因此需要新的视角来考察。

2. 材料新

本书追踪了大量海外社交媒体的文本话语,这些材料都是第一手资料,是易被忽视的。对其进行深入的挖掘与分析,可呈现海外网民建构国家形象的舆情,具有重要价值。

3. 观点新

在社交媒体快速发展的今天,普通网民已是建构中国国家形象的主力军,普通网民通过平等互动的交流来建构国家形象,更易引起他人对中国国家形象的认同。

第三节 研究对象、研究方法及研究伦理

一、研究对象

目前,海外社交媒体主要包括脸谱网(Facebook)、油管(YouTube)、推特(Twitter)、照片墙(Instagram)、瓦次普(WhatsApp)和领英(LinkedIn)。因不同社交媒体呈现不同的传播特征,考虑研究的纯度和深度,本书重点选取推特平台加以研究,在推特主页以"China""Chinese"和"中国"为关键词进行检索,时间限定为自2019年12月20日至2021年12月20日,[①] 共计得

---

① 2022年10月,推特被特斯拉首席执行官埃隆·马斯克(Elon Musk)收购;2023年7月,推特更名为"X",发展为具有"万能应用"的多媒体社交平台。为保持前后一致,本书在上述时间范围内(2019年12月20日至2021年12月20日)均沿用"推特"这个名称。

14 258 条文本。

需要说明的是,由于相关数据过多,不宜穷举,故本书在论述时,基于受众的广泛性和对受众的影响性选取相关媒体的报道作为典型案例。此外,本书还局部涉及了除推特平台外的一些社交媒体平台。

二、研究方法

(一)数据挖掘与内容分析

通过推特数据采集,获取相关数据。在此基础上,再进行内容分析。选择 KH Coder 软件对推文的标题和主题词进行词频分析,得出推特平台上网民关注的主要议题。对网民关注的议题进行初步分析,进而利用 ROST 内容挖掘系统(ROST ContentMining)对网民的情感表达和国家形象的建构展开重点分析。

(二)虚拟民族志

主要通过参与观察、考察不同建构主体所采用的立场,不仅看他们的传播内容,也观察整个传播的流程和传播的行为,体会传播者的出发点和意图,并结合效果探究传播规律。

(三)文本分析法

通过细读推特文本,分析建构的话语、传播策略、框架是否得当,建构所使用的内容是否合适,是否达到了传播的目标和建构效果。

（四）焦点事件、典型案例法

通过焦点事件、典型案例法考察传播者如何利用社交媒体建构中国国家形象。如对"一带一路""冬奥会""网红"相关文本进行考察。

三、研究伦理

鉴于社交媒体的公开性和个人化共存的特征，本文对普通网民的姓名作化名处理。但对众所周知的官方媒体和公众人物，则保留其真实姓名。

为了客观真实地对待社交媒体文本，也为了体现决策咨询的应用研究价值，本书呈现了一些负面舆情，而不是一味叫好，以此希冀引起国家和政府对负面舆情的重视，从顶层设计上有应对之策。

第一章 海外社交媒体与中国国家形象

海外社交媒体的发展为国内外媒体和网民建构中国国家形象提供了全新、便利且重要的平台,也影响着国内外公众对中国国家形象的认知和评价。国家形象是国家软实力和影响力的重要体现。充分利用海外社交媒体对中国国家形象进行建构是我国应对复杂多变世界新形势下国家形象建设的需要,是提升我国世界话语权的需要,也是我国全民建设国家形象的需要。

第一节 海外社交媒体的发展

随着互联网与移动网技术的发展,各种社交媒体不断涌现,为网络用户提供了获取和分享信息、表达意见与观点、与他人交互的重要平台,成为人们生活中必不可少的一部分。推特的多样化特征使其成为海内外网络用户建构中国国家形象的代表性平台。

一、社交媒体的定义及特征

自 2008 年以来,"社交媒体"(social media)一词成为互联网中的热门话题,也被学界广泛关注。"social media"在国内被翻译为"社交媒体""社会性媒体""社会化媒体"。社交媒体属于新媒体的范畴,是互联网上基于用户关系的内容生产和交换平台,允许用户撰写、评论和沟通的平台。它是以互动为基础,以用户生成内容(UGC)为内容主体,实现了以个人为中心、以关系网络为结构的信息聚合。①

社交媒体最先出现于 2007 年的《什么是社会化媒体》(what is social media)这一电子书中。② 安东尼·梅菲尔德(Antony Mayfield)将社交媒体定义为一种给予用户极大参与空间的新型在线媒体,具有参与、公开、交流、对话、社区化、连通性的特征。③ 美国学者尼古拉斯·尼戈洛庞蒂(Nicholas Negroponte)曾说:"人人都是一座没有执照的电台。"④ 这在社交媒体上成为现实。社交媒体的社会化将人与人相互连接,形成可接触的线上社会;人与人之间的关系形成之后,会产生媒体行为,与现实社会中人与人之间的接触相似,由此形成了社会化媒体。

社交媒体有两大主要特征,一是用户生成内容,二是自主控制社交关系。⑤ 用户生产内容区别于传统媒体,传统媒体的受众只能被动地接受传播的内容。而在社交媒体平台,生产内容、传播内容的权力转移到用户手里。用户可以在社交媒体上生产、分享信息,可以自主选择和传播内容。清华大学彭兰认为,社会化媒体是基于

---

① 胡泳、陈秋心:《中国新媒体 25 周年——从"信息高速公路"到"未来媒体"的认知跃迁》,《汕头大学学报(人文社会科学版)》2019 年第 12 期。
② 谭天、张子俊:《我国社交媒体的现状、发展与趋势》,《编辑之友》2017 年第 1 期。
③ 孙楠楠:《对社会化媒体的传播学思考》,《新闻爱好者》2009 年第 17 期。
④ [美]尼古拉斯·尼戈洛庞蒂:《数字化生存》,胡泳、范海燕译,海口:海南出版社,1997。
⑤ 肖琳、徐升华、王琪:《社交媒体发展与研究述评》,《图书馆学研究》2016 年第 14 期。

用户社会关系的内容生产与交换平台,其具有两个主要特征,一是内容生产与社交相结合,二是社会化媒体上用户是主角,而非网站或媒体的运营者。① 用户是社交媒体的主角,用户负责生产内容,加之社交关系对内容传播的影响,既促进人与人之间的交互传播,也促进社交媒体的进一步发展。

社交媒体借助网络媒体和手机媒体的融合,把个体传播的社会参与推向高潮,形成了一个彼此互动的、即时的立体传播网络。社会化媒体和私人媒体的整合,使得局部信息可能被无限放大,从而在社会动员与力量组织方面产生巨大的集体效应。② 关注就是力量,围观即参与,分享即表态。博客转帖、推特转推、短信转发,形式有别,功能各异,但网民按下按钮,就等于民主投票。一个人、两个人,一次、两次的按键并不起眼,但聚沙成塔、集腋成裘,舆论的力量可以经由"网聚"而产生。③

二、海外社交媒体的发展现状

美国是传统媒体大国,同时是互联网和新媒体的发源地。依托互联网信息技术的发展,众多社交媒体网站在美国相继成立。

从20世纪90年代后期开始,社交媒体便陆续涌现。首个社交媒体网站六度空间(Sixdegrees)于1997年成立,接着是博客(Blogger,1999)、维基百科(Wikipedia,2001)、聚友网(Myspace,

---

① 彭兰:《社会化媒体、移动终端、大数据:影响新闻生产的新技术因素》,《新闻界》2012年第16期。
② 任孟山、朱振明:《试论伊朗"Twitter革命"中社会媒体的政治传播功能》,《国际新闻界》2009年第9期。
③ 胡泳:《围观与见证的政治》,《文化纵横》2013年第2期。

2003）。① 2004 年，脸谱网成立，同年图片社区 Flickr 成立。② 2005 年，油管成立并迅速成为网络视频产业中的"黑马"，在 2006 年被谷歌（Google）高价收购。③ 2006 年，推特成立，成为社交沟通和信息传播最便捷的社交媒体平台之一。④ 2007 年，汤博乐（Tumblr）成立，是介于传统博客和微博间的新媒体形态，是目前全球最大的轻博客网站。⑤ 2008 年，Groupon 上线，在全球掀起了团购网站的热潮。⑥ 2009 年，基于用户地理信息的手机服务 Foursquare 上线，集地理签到、社交和游戏于一身。⑦ 2011 年，谷歌将旗下在线产品整合，基于社交网站进行分享互动。⑧ 2012 年，图片分享网站 Pinterest 异军突起，目前是全球最热门的社交网站之一。⑨ 2013 年，以 13 岁至 23 岁用户为目标的色拉布（Snapchat）获得两轮融资，成为新型社交形态开创者。⑩ 2014 年，脸谱网以 190 亿美元的高价收购手机社交软件瓦次普。⑪ 2015 年，脸谱网在法国巴黎开设

---

① 〔荷兰〕何塞·范·迪克：《连接：社交媒体批评史》，晏青、陈光风译. 北京：中国人民大学出版社，2021。
② 韩嘉懿：《对 Facebook 发展历程的研究》，《现代营销（下旬刊）》2019 年第 7 期。
③ 李宇：《YouTube 的发展策略及对传统电视的影响》，《传媒》2016 年第 3 期。
④ 吴帆：《Twitter——新媒体的力量》，《中国网络传播研究》2010 年第 1 期。
⑤ 殷丽萍：《Tumblr：互联网上的"极简"奇迹》，《中外管理》2015 年第 3 期。
⑥ 梁欣、过仕明、张玉芙：《团购网站 Groupon 信息生态系统构建研究》，《情报科学》2016 年第 8 期。
⑦ 王乐鹏、李春丽、王颖：《Foursquare 模式及在中国的发展对策探讨》，《科技信息》2010 年第 23 期。
⑧ 邹丽雪、刘艳丽、张迪、牛晓蓉、沈湘、王学昭、刘细文：《互联网企业谷歌和百度的科技创新战略与启示》，《全球科技经济瞭望》2021 年第 9 期。
⑨ 周高琴：《视觉社交网站 Pinterest 的特色及启示》，《青年记者》2015 年第 19 期。
⑩ 毛春洲：《社交媒体 Snapchat 如何杀出重围》，《传媒》2017 年第 3 期。
⑪ 黄俊莉：《浅探企业并购动因——以 Facebook 收购 WhatsApp 为例》，《时代金融》2014 年第 9 期。

人工智能研究实验室。2024 年，脸谱网拥有 30.5 亿个月活跃用户，日活跃用户人数为 20.9 亿。①

网络技术的发展，促进了社交媒体的蓬勃发展，社交媒体已渗透到人们的生活，成为人们生活中重要的一部分。

三、推特的发展

推特是本文选取的重要研究平台，因而有必要对其发展进行专门介绍。

2006 年，推特还只是默默无闻的"可快速更新的博客式工具"。7 年之后，它已成为全球最受欢迎的微博服务，从默默无闻的博客工具发展成为富媒体平台，从毫无营收实现盈利，从一家小型私有控股企业发展成为跨国企业，并提交了首次公开募股（IPO）申请文件。②

2004 年，前谷歌员工埃文·威廉姆斯（Evan Williams）投资入主视频分享公司奥德尔（Odeo），并邀请好友比兹·斯通（Biz Stone）加入。但是很快苹果公司（Apple）就发布了 iTunes，奥德尔遭受严重同类竞争压力。迫于压力，威廉姆斯在内部进行了"头脑风暴"，最后采用了奥德尔员工杰克·多西（Jack Dorsey）的想法"用短信来告诉社交圈里的人，你在干什么"。在 2006 年 2 月，他们推出了 Twttr（推特的前身），让用户发短信把自己的

---

① Meta Investor Relations：《2024 年 Facebook 统计数据市场调查与用户研究分析报告》，https：//zhuanlan.zhihu.com/p/677884778，2024 年 1 月 15 日。
② TweetBinder．（2022－05－05）．How to Calculate Twitter Impressions and Reach．https：//www.tweetbinder.com/blog/twitter-impressions．

消息发布到网络上。推特的第一个内测版在2006年3月21日正式开始运营。① 杰克·多西发布了第一个"推特"——"刚刚建立我的推特账号（just setting up my twttr）。"私人账号的诞生让用户可以保护自己的隐私。当时，推特只有大约100个用户。推特的公测版在2006年7月15日正式向公众发布。②

2006年10月，比兹·斯通、埃文·威廉姆斯和杰克·多西等人一起成立Obvious公司，并收购了奥德尔和推特的所有资产。推特最开始没有字符数限制，但后来有用户的帖子超过了一个短信的容量，于是，140个字符（160个字符是标准英文短信的容量，推特保留20个字符用于用户名）的限制就应运而生了。③

2007年3月，推特正式被媒体报道并获得广泛好评。它每天传送2万多条信息，在周末达到6万多条，积累了一批永久用户群。之后推特成立了自己的独立公司，杰克·多西被任命为首席执行官（CEO）。贝拉克·奥巴马（Barack Obama）在2007年4月30日在推特上发布了他的第一个帖子。2007年底，几乎整个互联网业界都在讨论推特的灭亡。因为这个微博巨头一直没有投放任何广告，并且没有赚到一分钱，它只是不断地在问一个问题："你在做什么？"与此同时，博主们和网络营销商都开始使用这个新的工具来提升自己的知名度。④

---

① TechXav. （2010 - 03 - 21）. Happy 4th Birthday Twitter! 2006-Today. https：//www.techxav.com.
② 同上。
③ 月光山人：《Twitter.com 故事》，http：//www.360doc.com/content/10/0923/10/2645260_ 55702566. shtml。
④ 同上。

2008年，推特获得了由美国知名科技媒体"科技症结"（TechCrunch）举办的第一届克郎奇奖（Crunchie Award），荣获"最佳移动互联网创业项目"。2008年4月22日，推特推出了日文版，刊载了很多广告。2008年7月14日，推特正式收购著名的推特实时搜索引擎"Summarize"，在其技术支撑下，推特自己的搜索引擎"Twitter Search"就诞生了。①

2008年11月12日，推特获得了第10亿条帖子，网站Gigatweet展示了它的全过程。② 2008年下半年，大量名人加入并使用推特，他们都获得了一定量的关注者。如知名的美国篮球职业联盟（NBA）篮球队员沙奎尔·奥尼尔（Shaquille O'Neal）于2008年11月20日加入推特。推特能提供比谷歌等搜索引擎更快的实时消息，其及时性在重大事件上得到了充分体现，使推特登上了新的高度。③

2009年，推特开始了飞速发展的进程。两位非常具有影响力的名人阿什顿·库勒（Ashton Kutcher）和奥普拉·温弗瑞（Oprah Winfrey）加入推特。在公众的广泛关注下，库勒的推特账号在2009年4月17日拥有了第100万个关注者。推特在2009年5月12日首次确定了"@回复"规则。新的规则限定用户只能在时间线上看到已关注好友和已关注好友之间的对话，这个改动可以减少很多

---

① 月光山人：《Twitter.com 故事》，http://www.360doc.com/content/10/0923/10/2645260_55702566.shtml.
② Xia, F. (2017). Bibliographic Analysis of Nature Based on Twitter and Facebook Altmetrics Data. *PLoS ONE*, 11 (12).
③ 月光山人：《Twitter.com 故事》，http://www.360doc.com/content/10/0923/10/2645260_55702566.shtml.

信息干扰，但引起了人们讨论。①

2009年6月12日，推特正式推出了"验证账户"服务。② 这项服务可确保推特账户的持有人是用户自己。帖子数量从2009年的250万条上升到了2010年1月的500万条。比尔·盖茨（Bill Gates）在1月12日加入推特，其关注者超过了60万人。推特在2010年1月26日增加了"本地热门"（Local Trends）新功能，用本地热门话题代替全球话题。推特的第100亿条帖子也是一条私人消息。

2010年，推特越来越受欢迎，拥有1.75亿名注册用户，用户每天发送5 500万条消息，每条消息长度不超过140个字符。推特融资1.6亿美元，并尝试"消息推广"（Promoted Tweets），用户只要搜索就可看到推广的消息。③

2011年，推特成为流行的微博服务平台，每天超过2亿条消息。

2012年5月2日，通过融资，推特已发展成为市值数十亿美元的企业，每周新增100多万名用户，每3天就发布超过10亿条消息，已经发展成为其1.4亿名活跃用户的实时消息推送和交流工具。2012年第四季度营收突破1亿美元。

2013年，作为一家跨国企业，它的办公机构和服务器遍及全球。并从最初的短消息服务，演变为富媒体平台，以及无休止的信

---

① 月光山人：《Twitter.com 故事》，http：//www.360doc.com/content/10/0923/10/2645260_ 55702566.shtml。
② Fang, Z. (2021). Towards Advanced Social Media Metrics: Understanding the Diversity and Characteristics of Twitter Interactions around Science. (Leiden University).
③ 月光山人：《Twitter.com 故事》，http：//www.360doc.com/content/10/0923/10/2645260_ 55702566.shtml。

息和娱乐流,包括短视频、图片和广告。①

推特不仅在经济上发展迅猛,也作为网民们参政议政的重要平台起着非常重要的作用。如 2011 年网民利用推特"占领华尔街"。在"#占领华尔街#"这个话题标签之下,用户可以查看到关于"占领华尔街"的最新动态,并且可以与志同道合的用户交流互动,在话题的激烈讨论下形成网络舆情。"占领华尔街"席卷全美,抗议者使用推特的"占领"标签,细致描述事情经过,传播抗议活动,让网民及时了解活动经过,使得抗议活动不断扩大传播范围。在推特上,当时全球每 500 个标签中大概就有一个是"占领华尔街"运动的自有标签。最后,一系列的示威活动,得到了美国政府的重视。由此可见网民发声的重要性,以及推特作为社交媒体平台发挥的巨大作用。

网民大规模参与政治事件的热情不减。2012 年的美国总统大选,奥巴马成功连任。在选举日当天,推特共产生了 3 100 万条和大选相关的推文,高峰时期平均一分钟就能产生 327 452 条推文,峰值记录是 874 560 条,大约每秒产生 15 107 条推文,远高于过去的 8 000 条推文记录。② 过去社会上发生轰动性事件时,推文仅能在事件发生的前几秒或前几分钟里能达到峰值记录,但在美国总统大选中,峰值记录持续了几个小时,足以看出推特用户对此次美国总统选举的高度关注,以及推特成为网民发声的重要平台。

"占领华尔街"及"美国总统大选"的两个案例,可以看出推特用户以及推特平台在参与政治事件中的重要性。推特用户实时关

---

① Jenkins, B. (2014). A Brief History of Twitter. *Techniques*,(4):60-61.
② 罗锦莉:《美国大选,Twitter 赢了》,《金融科技时代》2012 年第 12 期。

注"占领华尔街"事件，监控事件走向，影响事件发展，最终通过广大网民的抗议，成功引起美国政府的注意，体现出网民使用推特平台传播信息的热情以及利用舆情改变事件走向的决心。在"美国总统大选"的推文发布数量来看，推特成为网民表达意见、情感的重要平台，推文数量峰值频频破纪录，达到了前所未有的高潮。

2016 年，自唐纳德·特朗普（Donald Trump）独特的"推特治国"以来，推特对全球舆论场具有极为重要的影响力。不但影响舆论走向，甚至可以影响各国外交政策。特朗普出任总统后共发推文一万条左右，推特成为传播政治立场的重要平台。中国不少外交官也开通了推特账户以传播中国声音，建构中国国家形象。[①] 比如，我国外交部发言人华春莹在 2020 年 7 月就中国南海主权问题上连发十一条推特阐述事实，与美国国务卿迈克·蓬佩奥（Mike Pompeo）展开辩论。

2022 年 4 月，埃隆·马斯克与推特董事会达成协议，对其进行收购，交易完成后，推特即成为一家私人控股公司。2022 年 10 月，推特收购完成。2023 年 7 月，推特改名为"X"，实现了一次具有重要意义的品牌改革。

四、选取推特为研究对象的原因

2021 年皮尤研究中心（Pew Research Center）对 2 548 名推特用户进行调查，研究发现，大约 70% 的推特用户表示他们在推特上获

---

① 王莉丽、刘子豪：《后真相时代特朗普"推特治国"舆论传播特点及启示》，《国外社会科学》2018 年第 3 期。

取新闻,跟踪实时新闻事件,推特是他们了解新闻的重要途径。

根据皮尤研究中心上述调查数据显示,在 1 502 位受访者中,23%的成年用户使用推特,其中男性占 25%,女性占 22%;年龄在 18—29 岁的青年用户占比最大,约 42%;27%的成年用户年龄在 30—49 岁。由此可见,推特的中青年用户占比最大,占 69%,中老年用户占 18%,65 岁及以上的老年用户占 7%;59%的用户拥有大学及以上学历;27%的用户来自城市;85%的用户薪水在 3 万美元以上;46%的推特用户每天都会访问该网站。[①] 由此可见,推特用户数量基数较大,男女比例差距不大,年龄层覆盖范围广,且大部分用户知识水平较高,推特是用户获取信息的重要渠道之一。

本文重点选择推特平台作为研究对象主要基于以下原因:

第一,推特的准入门槛低。用户只要下载软件、注册账户,就可以进入推特查看信息,发布推文。推文文本有字数限制,内容短小,大大降低了发布推文的难度,用户可以随时随地发布自己的所观所想,满足了用户轻松传播信息的需求。

第二,推特传播速度快。推特的信息发布与接收具有实时性。用户有关中国形象的推文一经发布,便会迅速抵达其他用户,对构建中国国家形象起到关键性作用。

第三,推特具有公开性,影响力大。推特虽然不及脸谱网的用户体量大,但推特与脸谱网相比,在建构国家形象方面有着独特优势,即推特具有更强的公开性。脸谱网的运作以强关系为主,体现在它依赖"朋友社区"的局限,以社交、维系关系为主,网民在脸

---

① Auxier, B., & Anderson, M. (2021-04-07). Social Media Use in 2021. https://www.pewresearch.org/internet/2021/04/07/social-media-use-in-2021/.

谱网发布的信息仅可以在熟人圈子、小范围内进行传播,传播的范围有限,影响力不足。而推特属于弱关系平台,用户除了自己可以传播,还可以关注自己感兴趣但不认识的账户,关注后即可看到该账户所发表的推文信息;用户还可以通过发现页面的搜索功能即时查看自己所需的信息内容。用户的推文面向其追随者甚至是所有用户,与脸谱网相比传播范围更广,影响力更大。

第四,推特具有交互性,传播范围广。推特作为一个全球性社交软件平台,平台用户来自世界各地,它拉近了世界各地网民的距离,实现了网民跨时空的沟通交流。建构中国形象的推文能够无障碍地传播到世界各地不同受众眼中,普通用户或意见领袖通过推特传播信息并与其他国家的受众互动、交流,可扩大中国在世界的影响范围,提升中国的国家形象。此外,推特创造性地开发了话题功能,用户使用"#××#"话题标签,即可进入话题性互动讨论,这是推特将陌生人的对话联系在一起的不可或缺的功能,也大大提高了推文被发现的概率。此外,推特的点赞、评论与转发功能也体现了其强大的交互性,体现了推特多对多的传播模式,互不相识的用户可以通过交互功能产生裂变式传播,扩大推文的影响力与传播范围。这样一来,建构的国家形象更加立体,传播的范围也更广,能影响更多用户。一旦一个人的推文被聚合,一个新的传播结构便会出现,① 从而能构建更加完整的国家形象。

第五,推特中的意见领袖使信息传播变得高效。意见领袖通过输出观点与信息,获取平台用户关注,等到关注量越来越大时,便

---

① Murthy, D. (2013). *Twitter. Social Communication in the Twitter Age*. Cambridge: Polity Press, 7-8.

可以在大众传播中起到不可估量的作用。意见领袖在信息传播过程中，能起到中介和过滤作用，他们可以将信息有效传播给关注他的网民，并且有效引导网民的意见，影响他人的态度及行为。意见领袖对中国国家形象所持的观点也会对网民产生影响。当意见领袖传播有关中国的观点被网民接收后，网民依其对意见领袖的信任与喜爱，与意见领袖进行点赞、评论等互动，还可以将推文进行二次传播，进一步扩大推文的传播范围及影响力。

第六，推特中的文本包含浓厚的感情色彩。依据网友在推文中不经意间流露出来的感情色彩，可以判断其对一个国家的态度和评价，从而客观上使国家形象更加丰满、立体。

第二节 国家形象的概念内涵

国家形象是一个综合性的概念，可分为实体形象、媒体形象和受众认知形象。[1] 国家形象既包含了对国家实力和国际意愿的综合考量，也受到认知对象国、认知环境和目标受众等要素的综合影响。[2] 国家形象既是抽象的无形资产，也是具象的符号载体，它是一国"软实力"的具体体现，也是一国文化传播力的显在表征。[3]

---

[1] 陈薇：《媒体话语中的权力场：香港报纸对中国大陆形象的建构与话语策略》，《国际新闻界》2014年第7期。
[2] 匡文伯、任天浩：《国家形象分析的理论模型研究——基于文化、利益、媒体三重透镜偏曲下的影像投射》，《国际新闻界》2013年第2期。
[3] 战迪：《中国电影与国家形象建构：以新世纪以来中国电影的创作与传播为中心》，北京：中国大百科全书出版社，2021。

一、国家形象的定义

美国学者肯尼思·E.鲍尔丁（Kenneth E. Bolding）最早提出"国家形象"的概念，他认为，国家形象是"主观印象而非客观事实"。他将国家形象归纳为三种：首先是国家的地理形象，其次是其他国家对该国的态度印象，最后是其他国家对其综合实力的判断，主要是其他国家对该国的认知与评价。[1] 后来，他认为，国家形象包括"行为单位或其自身和宇宙的内部观点的认知、情感和评价的总体结构"。从这个意义上说，国家形象有两个方面。一方面，国家形象是民族国家有意识地发展起来的，向外国观众描绘民族及其观点，试图自我呈现。另一方面，国家形象构成了国际社会其他成员所有联想的总和，包括对国家优势和劣势的主观感知。[2]

此后文献关于国家形象的定义大多引用这一观点。学者安霍尔特（Anholt）的定义也被较多引用，他认为，国家声誉是一种基于各种因素的印象的集体判断，包括外交政策、负责任的政府、人民和文化、旅游、经济实力，以及品牌、产品和出口。[3] 国外学者对国家形象下的定义大致分为两类。一类注重国家形象的外部呈现。安霍尔特认为在进行世界政治时，一个国家的形象在一定程度上决定了这

---

[1] Bolding, K. E. (1957). The Image: Knowledge in Life and Society. *The Journal of Philosophy*, 54 (11).

[2] Bolding, K. E. (1959). National Images and International Systems. *Journal of Conflict Resolution*, 3 (2), 120–131.

[3] Anholt, S. (2002). Foreword. *Journal of Brand Management*, 9 (4/5), 229–239.
Anholt, S. (2007). *Competitive Identity, the New Brand Management for Nations, Cities, and Regions*. New York: Palgrave Macmillan.

个国家在国际媒体上的呈现方式。① 谢韬和本杰明认为国家形象大概是一个国家的客观事实、该国的形象投射，以及外国大众媒体和其他行动者对该国事实的解释甚至建构的综合结果。② 另一类注重国家形象的内部要素。比如，埃齐奥尼（Etzioni）认为国家形象取决于一个国家的基本特征，包括其政治结构的性质、经济、文化、技术的总体水平、基本军事潜力。③ 门洪华和周厚虎认为从本质角度看，国家形象包括政治形象、经济形象、社会形象、文化形象、军事形象、外交形象、公民形象等。④ 不同的视角得出不同的国家形象。

国内学者也从不同角度定义国家形象。最早对"国家形象"展开研究的是徐小鸽，他从国际新闻传播角度出发，认为国家形象是"一个国家在国际新闻流动中形成的形象，或者说是一国在他国新闻媒介的新闻言论报道中所呈现的形象"，国际新闻流动是形成国家形象的要素。⑤ 管文虎在《国家形象论》一书中认为："国家形象是一个综合体，它是国家的外部公众和内部公众对国家本身、国家行为、国家的各项活动及其成果所给予的总的评价和认定。国家

---

① Anholt, S. (2005). Nation Brand as Context and Reputation. *Place Branding and Public Diplomacy*, (1), 224–228.
② Xie, T., & Page, B. I. (2013). What Affects China's National Image? Across-national Study of Public Opinion. *Journal of Contemporary China*, 22, 83, 850–867.
③ Etzioni, A. (1962). International Prestige, Competition and Peaceful Coexistence. *Archives Europeanness de Sociologie*, 3 (1), 21–41.
④ Men. H., & Zhou, H. (2012). The Construction of the Chinese National Image and Ways of Communication. *International Review*, (1), 8–15.
⑤ 徐小鸽：《国际新闻传播中的国家形象问题》，《新闻与传播研究》1996年第2期。

形象具有极大的影响力、凝聚力,是一个国家整体实力的体现。"①进入 21 世纪后,学者普遍将国家形象与大众传播结合展开研究,如刘小燕认为:"国家形象是指国家的客观状态在公众舆论中的投影,也就是社会公众对国家的印象、看法、态度、评价的综合反映,是公众对国家所具有的情感和意志的总和。"② 程曼丽将国家形象分为"内容"和"形象"两个部分,认为"国家形象不仅仅是外在形象,而是内容与形式的统一体",对内表现为"一种主体意识,是国家或民族精神气质中的闪光点",对外表现为"一个鲜明的、一贯的国家形象"。③ 从建构主义的视角出发,汤光鸿认为:"国家形象由外部行为集体建构。"④ 董青岭将国家形象看作"一个主体间概念,反映了国家间的相互建构关系。也就是说,国家形象并不是自生的和先验的,而是由国家间的交往互动实践建构的,它只存在于一定的意义符号系统之内⑤。"吴友富将国家形象界定分为广义和狭义两个角度,广义国家形象的互动对象包括内部社会公众及外部国际公众,由于建构主义的国家形象观本就是基于国际视阈传入中国的,于是国内外在以建构主义的方法论研究国家形象时,多站在国际立场上,所以他将狭义的国家形象的互动对象仅视为外部的国际公众。⑥

综合以上分析,本文将中国国家形象定义为:内部社会公众及

---

① 管文虎主编:《国家形象论》,成都:电子科技大学出版社,1999。
② 刘小燕:《关于传媒塑造国家形象的思考》,《国际新闻界》2002 年第 2 期。
③ 程曼丽:《大众传播与国家形象塑造》,《国际新闻界》2007 年第 3 期。
④ 汤光鸿:《论国家形象》,《国际问题研究》2004 年第 4 期。
⑤ 董青岭:《国家形象与国际交往刍议》,《国际政治研究》2006 年第 3 期。
⑥ 吴友富:《中国国家形象的塑造和传播》,上海:复旦大学出版社,2009。

外部国际公众在海外社交媒体上对中国国家形象的综合认知与评价。这种认知与评价是网民们基于中国的社会现实，并在交往互动中及他人评价的影响中形成的。国家形象是可以建构的，而社交媒体恰好是网民们通过文字、视频、图片等建构中国国家形象的良好平台（如图 1 所示）。

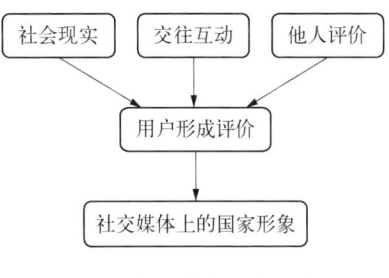

图 1 社交媒体上的国家形象建构过程

二、国家形象的要素

国家形象的形成是一个动态的过程，国家形象是基于国家意识形态、社会现实、人际交往等综合而形成的。国家形象的形成过程包括形象主体、形象客体、形象内涵、建构的媒介，以及建构过程。

（一）国家形象的主体

主体是从事认识和实践活动的人、群体或组织。国家形象的主体，就是对一国形象进行认知和评价的人、群体或组织。

国家形象的主体以往主要是政府，政府自上而下宣传中国形象；随着全球化的发展，走出国门的企业和商品也向世界展示着中国形象。

随着留学和出国人数的增多，普通个人也逐渐成为建构国家形象的主体。一个个走出国门代表中国的人民，其一举一动影响着国际公众对中国的认知。随着社交媒体的兴起与发展，社交媒体上的网民个人也在向世界传播着中国形象。

除了施动者是主体，受动者亦是主体，施受之间的互动关系形成主体间性，共同塑造着国家形象。如社交媒体上的传播者和粉丝受众都是塑造国家形象的主体，他们的施受角色可以相互转化，通过点赞、转发和评论等方式的互动，共同建构着中国形象。

（二）国家形象的客体

客体是主体认识和实践活动的客观对象，是主体以外的人或事物。国家形象的客体则指的是国家本身，如在社交媒体上出现的中国、美国、英国、印度等国家。形象主体和形象客体是相对而存在的，形象存在于主体与客体的关系之中。①

和主体一样，客体也是有变化的。经历了多个朝代，直至中国共产党带领全国各族人民推翻了压在人民头上的帝国主义、封建主义和官僚资本主义三座大山，取得了新民主主义革命的胜利，于1949年建立了中华人民共和国，结束了被侵略被奴役的屈辱历史，中国才实现了真正的独立自主。现今，"中华民族迎来了从站起来、富起来到强起来的伟大飞跃，实现中华民族伟大复兴进入了不可逆转的历史进程！"②

---

① 吴献举、张昆：《国家形象：概念、特征及研究路径之再探讨》，《现代传播》2016年第1期。
② 习近平：《在庆祝中国共产党成立100周年大会上的讲话》，北京：人民出版社，2021。

（三）国家形象的内涵

国家形象的内涵指的是施受双方（形象主体）对国家（形象客体）所做出的具体的认知和评价（形象内涵），包括"物质基础、政治制度、文化理念、意识形态和民族精神等"。①

2013年12月30日，在十八届中共中央政治局第十二次集体学习时，习近平总书记提出："要注重塑造我国的国家形象，重点展示中国历史底蕴深厚、各民族多元一体、文化多样和谐的文明大国形象，政治清明、经济发展、文化繁荣、社会稳定、人民团结、山河秀美的东方大国形象，坚持和平发展、促进共同发展、维护国际公平正义、为人类作出贡献的负责任大国形象，对外更加开放、更加具有亲和力、充满希望、充满活力的社会主义大国形象。"② 习近平总书记关于国家形象的论述为当前的中国形象传播提供了理论与实践指南。

社交媒体上国家形象的表现形式是网络用户发表的意见和观点文本，是网络用户的文本汇成的总体评价，是以国家的热点事件、政治、经济、文化等内容为载体，形成的宏观的和微观的国家形象，能够体现国家不同程度的软实力。

（四）国家形象的生成媒介

要对一个国家形成认知与评价，直接的渠道就是亲自深入这个国家生活、学习或旅游，与本地人打交道，由此形成对该国全面而

---

① 刘艳房：《全球化背景下的中国国家形象战略——基于国家利益的研究视角》，北京：中央编译出版社，2016。
② 习近平：《论党的宣传思想工作》，北京：中央文献出版社，2020。

深刻的认知和评价。

但现实社会的巨大化和复杂化，使得人们受限于实际活动范围、精力和注意力，不可能与该国的整个外部环境和全部的人和事物都保持经验性接触，人们只能通过媒介去了解，媒介成了塑造国家形象的重要渠道。

"对应于传播学中的三个世界的真实（客观真实、媒介真实和主观真实），一个国家的国家形象可以分为三个层次：国家实体形象（客观真实）、国家虚拟形象（媒介符号真实）和公众认知形象（主观真实）"，① 客观的国家实体形象通过不同媒介施受、"把关"控制、意识形态加工而发生变形，形成国家的媒介形象；再经由公众解读加工，最终形成公众认知的国家形象。② 因有时空的限制，国家的媒介形象对公众的认知形象起了决定性作用。

在传统媒体时代，国家形象的建构主要由大众传媒完成，一个国家在他国人们心目中的印象和综合评价，主要体现在他国的大众传播媒介上。而在当今社交媒体时代，社交媒体拥有的影响力甚至超过了传统主流媒体。

（五）国家形象的建构

建构主义认为，世界是被建构的产物，事物通过社会性的建构，在交往互动中相互依存地存在。依此，国家形象被看作一个国家在国际社会中通过交往互动而被相关国家赋予的一种身份表现和

---

① 段鹏：《国家形象建构中的传播策略》，北京：中国传媒大学出版社，2007。
② 刘继南：《国际传播与国家形象——国际关系的新视角》，北京：北京广播学院出版社，2002。

身份认同。① 国家形象不是既定的、可以自我设定和传播的实在，而是存在于国家主体间性的一种相互认同的关系。② 国家形象是国家间相互交往（包括传播）不断发生和累积的结果，且结果会随着双方关系和场域的变化而动态地改变。③

日常生活中，人通过符号进行思维，又通过符号来表达思想、传递意义，国家主体则通过符号来展现自己的文化、理念、身份和形象。国与国之间的交往互动往往通过媒介来完成，媒介运用各种符号实现对国家形象的表达，从而形成既具有客观性又有主观性的国家形象。国家形象的媒介建构过程，就是通过符号的能指和所指在本国和国际受众之间建立起沟通的桥梁，让受众从政治经济、文化历史、风土人情、外交政策等多个方面对本国有整体的认识，从而建立起本国的国家形象。④

三、国家形象的意义

国家形象是一种软实力，是一种影响力，会对国际关系、政策走向、公众认知产生重要影响。"国家形象具有极大的影响力、凝聚力，是一个国家整体实力的体现，是国家一笔雄厚的

---

① 秦亚青：《建构主义：思想渊源、理论流派与学术理念》，《国际政治研究》2006 年第 3 期。
② 季玲：《重新思考体系建构主义身份理论的概念与逻辑》，《世界经济与政治》2012 年第 6 期。
③ 文春英、吴莹莹：《国家形象的维度及其互向异构性》，《现代传播（中国传媒大学学报）》2021 年第 1 期。
④ 蒙象飞：《中国国家形象话语体系建构中的符号媒介考量》，《云南社会科学》2017 年第 5 期。

无形资产。"①

（一）国家形象是"软实力"

美国哈佛大学学者约瑟夫·奈（Joseph Nye）在1990年提出了"软实力"。他认为冷战后的国际政治发生了明显的变化，主要是"世界权力的变革"和"权力性质的变化"。所有国家通过新的权力实现目标，操作全球相互依存、管理国际体系结构，共享人类文化价值。这就是新的权力——"软权力"。这种权力是价值观念、生活方式和社会制度的吸引力和感召力。② 主体国家要想在国际政治中获得期待的结果，除了依靠军事、科技、经济等硬实力，还可以依靠文化、政治价值观、外交政策等多方面的吸引力，即软实力。③

国家形象是国家"软实力"的一个重要构成要素，也是展示国家"软实力"的最直接、最典型的表征和形式。④ 具有良好的国家形象的主体国，无须强硬的物质性实力，便可使国内民众甚至国际社会对其政治、经济、文化等达成全方位的认同。

一方面，良好的国家形象有利于提升国内软实力。良好的国家形象作为无形资产，可以增强国民对国家的自信心与凝聚力，从而

---

① 管文虎主编：《国家形象论》，成都：电子科技大学出版社，1999。
② 汪涛、邓劲：《国家营销、国家形象与国家软实力》，《武汉大学学报（哲学社会科学版）》2010年第2期。
③ ［美］约瑟夫·奈：《软力量世界政坛成功之道》，吴晓辉译，北京：东方出版社，2005。
④ 党兰玲：《话语与国家形象建构》，《华北水利水电大学学报（社会科学版）》2019年第4期。

让国内民众更加信任政府政策、顶层设计,能够让国家更加有序地发展。

另一方面,良好的国家形象有利于提升国际软实力。国民可以通过留学、旅游、外网发言等多种方式参与国际交流,他们的声音作为"一手素材"是国际认知主体国形象的重要媒介。若国民认知的国家形象较为积极,那么在对外传播时,他们就会倾向于传播正面的声音,这更有利于国际公众认同国民所传播的国家形象。

(二)国家形象是"影响力"

在全球化的大时代背景下,国家形象的影响显得愈发重要,"以我为主"树立的国家形象对于国家各方面发展的作用日益凸显。

首先,对国家形象的认知体现着对国家的认同。从正面去认知国家形象,能够更好地对国家的政策和号召产生认同感,促进国家战略和国内政治的稳定。其次,良好的国家形象能给公众带来强大的吸引力,能够为国家在国际市场上带来更多的融资,吸引外资,刺激旅游业的发展。再次,良好的国家形象会增强国家的可信度和话语权,深刻影响着国家在国际事务中的作用,对国家目标和国家利益的实现具有重要作用。[1]

中华人民共和国成立以来,中国的国家形象发生了巨大变迁,中华民族迎来了从站起来、富起来到强起来的伟大飞跃,树立了

---

[1] 杨冬云:《国家形象的构成要素与国家软实力》,《湘潭大学学报(哲学社会科学版)》2008年第5期。

"独立自主的东方大国形象""开放务实的社会主义国家形象""自信担当文明的世界大国形象"。①

国家形象对于国家的发展具有重要意义,这就是各国努力通过各种途径塑造良好的国家形象的重要原因。

第三节　海外社交媒体与中国国家形象的关联

海外社交媒体是海内外网络用户建构中国国家形象的重要平台,便于全球公众认知和理解中国,便于消除对中国形象的刻板印象,从而得出理性的、客观的认知和评价。

一、海外社交媒体:建构中国国家形象的重要平台

在传统媒体时代,国家形象是国家通过各种传媒、文艺作品、影视叙事"塑造"出来的。媒体塑造国家形象的方式主要分为三种:本国媒体构建的本国形象(自塑)、外国媒体构建的他国形象(他塑)、本国媒体和国际媒体共同构建的一国形象(合塑)。此处的媒体是主流媒体,对国家形象的建构主要是主流媒体机构人员基于意识形态目的,精心修饰话语,对受众进行"自上而下"的"宣传",容易引起受众的反感。

而在新媒体时代,社交媒体以其社交化、移动化和用户生产内容的功能对全球新闻传播格局和全球舆论生态产生了深刻的影响。

---

① 蒋积伟:《新中国成立以来国家形象的历史变迁》,《华南师范大学学报(社会科学版)》2019年第6期。

社交媒体成为民众发声的重要平台，成为全球民意的集散地和新型主流舆论阵地。普通用户在社交媒体平台，不再仅仅是受众，更是直接的传播者，可对政府、政党甚至国家进行讨论，表达自己的观点和评价，其话语是自然而真实的。

此外，麦克卢汉（McLuhan）预言的"地球村"已成为现实，普天之下的民众皆可成为"新村"里的邻居。虽在海外，但可以通过社交媒体得知本国的国情和民意，亦可发声；虽属不同国家，但一网而知天下，通过信息聚类和归纳，亦可以形成自己的认知与评价。

二、海外社交媒体中的网民：建构中国国家形象的主体

网民在海外社交媒体的中国国家形象建构中承担着重要的角色，无论是在海外社交平台上分享日常生活，还是参与公共讨论中的网络表达，都能直接面对国际受众进行传播。相较于政府等官方媒体的宣传模式，网民传播的优势在于受众触达的范围、对目标用户需求的满足，以及传播过程中的议程能力和平等对话的交流方式。

在海外社交媒体平台，中国网民在建构中国国家形象中扮演着非常重要的角色。中国网民中不乏"出海"成功的"网红"、海外留学生与华侨华人、国际友人等。他们通过亲身的体验和感受向海外受众传播对中国的认知和评价，他们进行对外传播具有近身性、日常性和在地化的优势，通过发挥他们对双方语言、文化和思维特点充分了解的优势，可以深入社区进行广泛的言传身教。[①] 比如，

---

① 张志安、李辉：《海外社交媒体中的公众传播主体、特征及其影响》，《对外传播》2020年第5期。

海外留学生和华侨华人在所谓"西藏问题"上通过诸多方式努力澄清和反驳西方媒体的扭曲报道[①]，在维护国家主权和领土完整等议题相关的热点事件中通过社交媒体共同发声，进行事实澄清与舆论斗争。此外，还有一部分对中国态度友善且长期保持观察的国际学者，他们对本国和中国发展的体制、文化差异具有较强的同理心，或者对中国历史和文化传统比较熟悉，能够在本土主流媒体或政客扭曲攻击中国形象的时候，独立表达他们对中国的理性评价，维护中国形象。[②]

三、海外社交媒体塑造中国形象的重要意义

（一）中国国际形象建设的需要

中国国际形象建设有利于增强中国的软实力，为增强我国的国际话语权奠定基础。

皮尤研究中心 2018 年发布的一项（面向美国人的）调查结果显示，对中国持有负面印象的受访者占 47%。2019 年 12 月初皮尤研究中心发布的面向 34 国民众的调查结果显示，美国对中国持有负面印象的受访者占 60%，欧洲多个国家的受访者对中国持有负面印象。2020 年 6—7 月的调查结果显示，对中国持有负面印象的美国受访者占 73%，达到皮尤研究中心启动该项调查以来对华负面印象的最高值。2020 年 8 月发布的民调结果显示，在澳大利亚、英

---

① 李洹：《民间力量近距离传播的"技"与"巧"——也谈西藏问题的对外传播》，《对外传播》2009 年第 3 期。
② 张志安、李辉：《海外社交媒体中的公众传播主体、特征及其影响》，《对外传播》2020 年第 5 期。

国、加拿大、德国、荷兰等主要发达国家，对中国持有负面印象的受访者数量创历史新高。① 2021年3月发布的民调结果显示，89%的美国人视中国为"竞争对手"或"敌人"，而非"合作伙伴"。多数美国人支持政府在对华政策上采取坚定的立场，包括主张优先处理人权问题，采取更强硬的对华经贸政策以及限制中国留学生，等等。②

皮尤研究中心统计的对中国负面印象逐年上升的民调结果显示，我国迫切需要优化在海外的国家形象。海外社交媒体是建设我国国家形象的重要平台，了解海外社交媒体传播的中国形象，厘清海外社交媒体的传播规律，对于我国当前和未来软实力的增强具有重要意义。

（二）中国国际话语权提升的需要

良好的国家形象是中国建立国际话语权的基础，因而塑造国家形象尤为重要。

随着中国国际实力的不断提升，中国已经成为世界第二大经济体。习近平总书记在中共中央政治局第十三次集体学习时提出了我国国际传播亟待解决的问题与难题。我们要深刻认识新形势下加强和改进国际传播工作的重要性和必要性，下大气力加强国际传播能

---

① 程曼丽:《西方国家对中国形象认知变化的辩证分析》,《对外传播》2021年第3期。
② Silver, L., Huang, C., & Clancy, L. (2022-06-29). Across 19 Countries, more People See the U.S. than China Favorably——But More See China's Influence Growing. https://www.pewresearch.org/topic/international-relations/global-image-of-countries/china-global-image/.

力建设，形成与我国综合国力和国际地位相匹配的国际话语权。①

话语权的提升不是一朝一夕就能够完成的，不是经济实力增强就能够完全掌握话语权，而是需要不断探索正确的方法。建立良好的国家形象是第一步，良好的、真实的国家形象能够使国家在国际社会上获得更多的信任，在国际事件中赢得更多国家的支持，形成对国家发展有利的政策。国家拥有话语权的程度代表着其所发出的声音能够在多大程度上被接受，国家主体和国家中的个体在对外交往中能在多大程度上受到尊重。

（三）全民建设国家形象的需要

国家形象既是一项战略工程，需要国家最高层进行顶层设计和部署；同时也是一项系统工程，需要全体国民共同参与和努力。②

过去，我们十分注重上层自上而下的国家形象建构，却一定程度上忽视了民众在建构国家形象时的主观能动性和重要作用。国民与国际公众的平等交流与互动，有助于国家形象的建构，虽说个人不可能完成整体国家形象的建构，但单个主体或多或少能影响中国形象。

海外社交媒体正好为多重复杂关系的国内外公众提供了互动的平台，不同个体通过社交媒体能把国家形象呈现在国内外网民的面前，甚至能说服自己的"粉丝"认同本国形象。

---

① 习近平:《习近平在中共中央政治局第三十次集体学习时强调　加强和改进国际传播工作　展示真实立体全面的中国》，http：//www.xinhuanet.com/politics/leaders/2021-06/01/c_1127517461.htm，2021年6月1日。
② 范红、胡钰:《国家形象与传播战略》，《新闻战线》2016年第1期。

本 章 小 结

本章明晰了社交媒体和国家形象的概念内涵,阐明了选取推特为重点考察平台的原因。本章也解释了海外社交媒体对建构中国形象的重要性和意义,以及网民通过社交媒体建构中国形象的重要作用。

社交媒体上既有官方媒体有选择性地表达和解读国家层面的内容,又有网民对社会现实的考察,加之社交媒体用户生产内容的互动交流,社交媒体上的网民建构出来的国家形象是复杂多元的。理解社交媒体上的国家形象的呈现,厘清社交媒体的传播规律,对塑造良好的中国国家形象具有重要意义。

第二章　海外社交媒体建构中国形象的传播者主体特征

随着 web3.0 时代的到来，以分享互动为主要体验的社交媒体逐渐成为现今受众阅读内容、发表观点、展现自我的重要平台，社交媒体为对外传播提供了全新的机遇和挑战。随着中国融入全球化的步伐不断加快，越来越多的官方媒体、组织、"网红"和普通公众在社交媒体上发表与中国有关的内容，全民外交成为建构国家形象的重要趋势，也是讲好中国故事，在全球化语境下展现多元立体中国形象的重要方式。

这种"多元化"趋势的出现，从宏观上来看，与目前愈发开放包容的国际环境和我国对外传播"走出去"的目标密切相关；从微观上来看，则反映出在移动互联网技术加持下，民间传播者依托社交媒体红利获得国际传播话语权，逐渐成为建构国家形象的重要力量。

这种变化有利于展现更为真实、立体、全面的中国形象，也加大了把关难度，社交媒体时代各种信息真假难辨、鱼龙混杂，稍有不慎就易引发谣言的大规模扩散，给国家带来难以计量的重大损失。

第一节　海外社交媒体建构中国形象的传播者整体特征

移动技术的进步为大批"潜在"的传播主体接入社交媒体提供重要动力。

目前我国拥有规模巨大的网民群体，截至 2023 年 12 月，我国网民规模达 10.92 亿人，我国是社交媒体用户最多的国家。[①] 此外，也有越来越多的中国用户加入海外社交媒体。由于推特暂未进入中国市场，无法精确确定中国用户的具体数量，但据推特官方宣称，该社交网站在中国有 3 550 万个注册用户，拥有 1 000 万个月活跃用户。推特在全球有 3.1 亿个月活跃用户，美国是推特的最大用户市场，共有 6 500 万个月活跃用户。[②]

网民数量的持续增长，在促进平台内容生态丰富、沟通模式创新之外，也让社交媒体成为网民参与社会事件的"公共广场"和国际舆论的"主要阵地"。

一、从"一元"到"多元"，机遇与挑战并存

web3.0 时代的到来，给媒介生态带来了巨大的变革，以分享、互动为主要体验的社交媒体逐渐成为国际舆论的主要阵地。

在"一元传播"的时代，传统媒体占据主导地位。首先，我国

[①] 维卓：《2024 社交媒体全球使用趋势报告》，速查报告库，2024 年 5 月 31 日。
[②] 新浪科技：《Twitter 称在中国有 1 000 万用户》，https://www.c114.com.cn/topic/212/a961924.html，2016 年 7 月 6 日。

对外传播以宣传为主，政治色彩浓厚。我国的对外发声产生了两个等号，即"中国传媒＝政府官方＝宣传"，传播效果相对薄弱。其次，西方主流媒体长期占据主导地位，拥有绝对的话语权，一定程度上影响了我国的国家形象。

社交媒体的发展迎来了"多元主体传播"的时代。相较于传统媒体，社交媒体的包容性、参与性、开放性、互动性更多地与普通公民（尤其是个人用户）的特质完美结合，在互联网技术的推动下，国家形象的建构主体逐渐呈现出多元化趋势，即由单一的官方媒体，转变为由政府、媒体、企业、社会组织、专业人士、普通公民个体等群体共同组成的"多元主体"。尤其是民间组织和个人，在国际传播中扮演着越来越重要的角色，让国家形象的建构逐渐向"全民参与""多元传播"发展。相较于传统媒体，自媒体的涉华舆情更能直接反映国际民众对华的舆论和态度。[1] 国务院原新闻办公室主任赵启正在探讨中国印象时，将中国比作"13亿页中国读本"，"凡是有机会与外国人交往的中国人都有可能为中国的国际声誉做出贡献，尽管他们中的很多人并没有公共外交的概念和目的，但是他们每个人都可能是外国人的'中国读本'的一页"。[2] 此外，社交媒体认证、点赞、评论、转发的功能，也提高了普通民众在塑造国家形象过程中的参与度，有利于展现更为真实、立体、全面的国家形象。在社交媒体上，有分享自己日常学习工作的年轻人，有

---

[1] 相德宝：《国际自媒体涉华舆论传者特征及影响力研究——以Twitter为例》，《新闻与传播研究》2015年第1期。

[2] 赵启正：《每个人都是"中国读本"的一页》，https：//www.thepaper.cn/newsDetail_forward_ 18236799，2022年5月23日。

美食类、手工艺类、美妆类等不同类型的博主，有分享家庭生活、育儿经验的父母，有在中国多年的留学生，有专业的社会学家、科学家、记者……多元的传播主体共同建构着多面的中国形象。但值得注意的是，社交媒体平台在让多元传播主体站上舞台的同时，也极易成为谣言的滋生地。

多元主体传播的时代，我们更要注重对不同主体传播的了解，构建立体的传播主体格局，给国内外受众呈现一个真实、立体、全面，可信、可爱、可敬的中国形象。

二、从"官方"到"民间"，大批"网红"成功"出海"

在传播主体"多元化"的同时，加强民间力量在国际传播中的作用，推进民间传播和主流媒体传播协同发展，是加强国际传播能力建设的重要方式。

过去的对外传播主要呈现出官方化、严肃化的特征，而社交媒体的出现，使原本"沉默的个体"拥有了传播权力，他们能借助互联网成为游走于不同国家、不同文化的传播"明星"。民间传播者特有的亲和力、贴近日常的传播内容与社交媒体平台本身特有的平民化特征相结合，更容易被海外受众接受，其传播效果也更加显著。近年来大批中国"网红"的成功"出海"，就是民间主体建构中国国家形象的最佳例证。

以知名短视频博主李子柒为例，她的视频以诗意田园、传统文化、中华美食等为主要内容，为海外网友了解中国打开了一扇全新的窗口。2021年2月，李子柒凭借1 410万的油管粉丝量，刷新了"最多订阅量的油管中文频道"的吉尼斯世界纪录。在她的视频的评论区，许多海外网友留言："她就像一位迪士尼公主""她带我们了解了完全不同的中国。""李子柒的油管频道对外文化影响力，可以说抵得上1 000个中国国际电视台。"一位在海外留学的网友，如此评价她在海外社交媒体上的影响力。① 除了李子柒，美食分区的"办公室小野"（814万粉丝）、"滇西小哥"（377万粉丝）、"The Food Ranger"（373万粉丝），手工分区的"阿木爷爷"（86.4万粉丝），健身分区的"周六野"（72.7万粉丝）都凭借优质的原创内容吸引大批海外"粉丝"，产生巨大的国际影响力。

李子柒等中国"网红"的成功"出海"，一方面是因为其视频民间化的叙事方式，他们通过视频传达出了普通中国百姓对生活的热爱，以及人与人、人与自然和谐相处时流露的情感，讲述的"中国故事"更加打动人心。在意识形态、传统文化、社会民生等"软性"话题的输出上，这种叙事方式往往有着官方传播难以企及的影响力，既有对官方国际传播话语体系的补充作用，也是官方话语体系的"缓冲器"，有柔化国际传播领域可能存在的尖锐矛盾的作用。② 另一方面则是因为视频中中国传统文化符号表征的视觉修辞实践，在油管中国区排名前几的原创内容或多或少都与中国文化相关，例如，李子柒的视频结合独具东方特色的中国美食文化、手工艺、传统服饰、音乐等元素进行编码，在潜移默化中为海外网友展现了东方文化的神秘光环，为他们构建了现实生活之外的、关于东

---

① 韩夏：《1 650万老外在等李子柒》，https：//www.thepaper.cn/newsDetail_forward_16043987，2022年1月7日。
② 杨奇光、常江：《搭建中国国际话语平台的民间力量及其实践路径》，《对外传播》2017年第5期。

方生活的诗意想象。

中国"网红"大量走红海外,展现出社交媒体时代民间传播主体的重要力量,适当借助"民间"身份,弱化"官方"话语,提升"人格化"传播感染力,也成为我国近年来提升传播力、建构良好国家形象的重要思路。

三、从"外宣"到"传播",讲好中国故事

改革开放以来,我国注重对内传播,重视国内新闻传播工作,对内传播强调善用媒体,传播主流意识形态。随着我国国际话语权和综合国力的不断提升,我们要着重提升国际影响力。在对内传播好国家路线方针政策的同时,还要通过对外传播塑造我国真实、立体、全面的国家形象。我国不断学习、了解国际传播,从"对外宣传"到"国际传播",不再是只注重"我们说",更注重大家"听得懂""听得清",提升国际传播能力,鼓励人人都成为讲好中国故事的践行者。

以宣传为导向的跨文化形象传播,暗含了传播方式、方法、路径和思维的简单性,致力于改变被宣传者的态度。以"传播"意识取代"宣传"意识,意味着更多以自身文化的吸引力、自身文明的凝聚力、社会制度的比较优势对异域公众产生潜移默化的影响,而不是以改变受众的态度为直接、明确的动机。[①]

目前,我国仍处于社会主义初级阶段,并且仍属于发展中国家,政治、经济、科技等方面的发展尚不平衡。为增强我国话语

[①] 孟建、于嵩昕主编:《国家形象:历史、建构与比较》,南京:江苏人民出版社,2019。

权,向国际传播中国声音,讲述中国故事,我们必须加快构建中国话语和中国叙事体系,构建具有鲜明中国特色的战略传播体系。习近平总书记指出:"展形象,就是要推进国际传播能力建设,讲好中国故事、传播好中国声音,向世界展现真实、立体、全面的中国,提高国家文化软实力和中华文化影响力。""要不断提升中华文化影响力,把握大势、区分对象、精准施策,主动宣介新时代中国特色社会主义思想,主动讲好中国共产党治国理政的故事、中国人民奋斗圆梦的故事、中国坚持和平发展合作共赢的故事,让世界更好了解中国。"①习近平总书记的讲话,为我国进行国际传播指明了方向。

党的十八大以来,我国大力推动国际传播守正创新,理顺内宣外宣体制,打造具有国际影响力的媒体集群,积极讲好中国故事,"推进中国故事和中国声音的全球化表达、区域化表达、分众化表达,增强国际传播的亲和力和实效性"。② 新华社从2015年开始开设海外社交媒体账号,目前已经拥有19种语言的近50个账号,日均发稿超过850条,日均覆盖用户超过2 500万人,海外媒体账号集群总粉丝量超过8 000万。在推特等海外社交媒体平台上,新华社将自己的各类报道原汁原味地推送给世界各地的终端用户,报道效果显著、粉丝量不断增长,有效地传播了中国声音。截至2016年6月30日,人民网开设各语种海外社交媒体账号38个,海外社交媒体粉丝量超过2 382万,每月互动人数超过1 000万,互动率居

---

① 刘亮:《习近平在全国宣传思想工作会议上强调:举旗帜聚民心育新人兴文化展形象 更好完成新形势下宣传思想工作使命任务》,http://news.cctv.com/2018/08/22/ARTIQJr2G0YA3YZLTaRMX8Lo180822.shtml,2018年8月22日。
② 习近平:《习近平主持中共中央政治局第三十次集体学习并讲话》,http://www.gov.cn/xinwen/2021-06/01/content-5614684.htm,2021年8月16日。

世界媒体首位。中国网在脸谱网、推特、VK 等境外主流社交网络共开设 7 个账号,覆盖英、法、日、俄、西班牙、阿拉伯 6 个语种,总粉丝量已超过 1 400 万,分布在全球 60 多个国家和地区,已成为有效引导境外舆论的重要阵地。中国日报网移动客户端全球下载用户量达到 600 万,脸谱网官方账号粉丝量超过 522 万,推特账号粉丝量超过 42 万,成为海外社交媒体平台上颇具影响力的中国媒体。央视网充分利用海外社交平台扩大传播影响力,目前已在脸谱网、油管、推特、照片墙、VK 等海外主流社交平台上建立并运营了 CCTV 系列、熊猫频道系列等共计 31 个账号,形成涵盖中、英、法、俄、韩、西班牙、阿拉伯等主要语种的基本架构,覆盖世界 230 多个国家和地区,实现了对重点区域主流人群的影响。截至 2016 年 6 月,央视网海外社交平台账号总粉丝量已超过 3 812 万,根据脸谱网官方提供的数据分析平台显示,央视网账号自 2015 年 7 月以来发布帖文的累计互动总量近 1.52 亿,居全球主流媒体首位。[1] 截至 2021 年 12 月底,中国主流媒体在海外三大社交平台开设账号近 700 个,累计粉丝量超过 11 亿。其中,脸谱网平台粉丝规模超 10 亿人,油管平台粉丝规模为 3 800 万人,推特平台粉丝规模为 5 700 万人。[2]

第二节　海外社交媒体建构中国形象的传播者

根据社交媒体上传播主体的呈现,传播主体可以分为国内和国

---

[1] 中华人民共和国国家互联网信息办公室:《中央主要新闻网站国际传播力报告》,https://www.cac.gov.cn/2016-12/22/c_ 1120167875.htm,2016 年 12 月 22 日。
[2] 张超:《主流媒体海外社交平台讲好中国故事的提升路径》,《中国编辑》2022 年第 8 期。

外两大类，两者传播内容和传播体系上具有明显的不同。海外社交媒体的国内主体有青年网民、"网红"、海外华人（包含留学生和华人华侨）、官方媒体，以及中国企业；国外传播的主体有网络博主和国际友人。

这些主体在建构中国国家形象时起到了不可替代的重要作用。多元的传播主体推动中国构建真实、立体、全面的国家形象，在传播过程中显著体现出独特的传播特点。

一、海外社交媒体的国内传播主体及特征

海外社交媒体的国内传播主体主要有以下几种，他们分别呈现出传播的独特性。

（一）"Z世代"青年：泛娱乐化与社交化

"Z世代"由亨特·S. 汤普森（Hunter S. Thompson）在1994年首次提出。《新牛津美语词典》（*The New Oxford American Dictionary*）将"Z世代"青年描述为"在21世纪第二个十年达到成年的一代人"。《梅里亚姆-韦伯斯特在线词典》（*Merriam-Webster Dictionary*）将"Z世代"青年定义为20世纪90年代末和21世纪初出生的一代人。而澳大利亚的麦克林德尔（McCrindle）研究中心则更为确切地将"Z世代"青年定义为1995年至2009年出生的一代人，并将其年龄跨度定义为最长15年。①

联合国大会、联合国世界卫生组织（WHO）、联合国儿童基金

---

① 李林、李吉龙、杜婷、杨艳：《"Z世代"群体观念及消费研究：一个文献综述》，《湖北经济学院学报（人文社会科学版）》2022年第3期。

会（UNICEF）和联合国人口基金会（UNFPA），都把青年（youth）定义为年龄介于15岁至24岁（含15岁和24岁）的人群。而这群人也正是海外社交媒体推特中用户数量最大的群体。

根据皮尤研究中心2021年的社交媒体使用调查数据显示，年龄在18—29岁的青年用户占比最大，约占平台用户的42%，约占平台总体用户人数的1/2，由此可以看出平台中青年用户的强大力量。尼葛洛庞帝在《数字化生存》（*Being Digital*）一书中提到，在信息社会，"年轻人是富裕者，而老人是匮乏者"，"孩子们抢占了全球信息资源"，这种数字化的未来，比以前更多地掌握在年轻人手中。① 作为"网络原住民"的年轻人在数字化时代拥有更多的话语权，所以在建构国家形象方面，青年群体在社交媒体平台上的发言起到了举足轻重的作用。

"Z世代"的青年群体们，个性鲜明，思维独立，敢于挑战权威，他们"天生"就会熟练运用互联网，在网络世界中，他们成为创新中国的中坚力量，在构建国家形象方面，成为官方话语体系的互补面。

青年群体在构建国家形象时呈现出泛娱乐化与社交化的特点。一方面，青年群体爱好广泛、品位独特，酷爱亚文化。除关注时事新闻外，还喜欢根据自己的兴趣爱好，在海外社交媒体中发布一些有关"二次元"、古风、音乐等娱乐相关的话题，这些娱乐性话题对构建中国文化形象方面起到一定积极作用。泛娱乐化可消解严肃叙事的权威，让严肃话题变得轻松起来，也容易让受众接受。学者

---

① ［美］尼古拉斯·尼葛洛庞帝：《数字化生存》，胡泳、范海燕译，海口：海南出版社，1997。

葛红兵认为，泛娱乐化不会真的危害社会，一个洋溢着自由和欢笑的社会总比一个拘谨和压抑的社会更好。一些泛娱乐化式的表达更容易满足受众的心理需求。例如，复兴路上工作室在"十三五"规划初期的 2016 年，创作《"十三五"之歌》一曲，歌曲运用流行、魔性的美式曲风，加上英文歌词，迅速在外网传播开来。将"十三五"规划通过歌曲的独特形式表现出来，便于让海外受众了解中国当下的方针政策，既有效传播了中国声音，又增加了趣味性、娱乐性，便于受众理解。此外，中国文化博大精深，是世界文化宝库中的瑰宝。许多国家的人民都对中国文化极其感兴趣，青年群体利用自己的传播优势，结合自己的兴趣爱好，广泛传播中华优秀传统文化，能够帮助塑造良好的中国国家形象。

另一方面，在媒体平台中，青年群体用户作为传播渠道，具有社交化的特点。推特属于一个弱关系平台。1973 年，格兰诺维特在《弱关系的力量》一文中指出，弱关系在群体之间发生，跨越了不同的信息源，能够充当信息桥梁的作用，将其他群体的信息带给本来不属于那个群体的个人。[1] 各类用户都可以通过平台进行信息与内容的交互，青年群体作为传播资源将构建良好国家形象的内容传播出去，影响其他受众，有利于国外受众对中国形成良好的印象。

(二) 国内"网红"：人格化与个性化

海外社交媒体的群体中还涌现出一批影响力较大、粉丝量较多的国内"网红"，他们一般生活在国内，将创作的内容上传到海外

---

[1] Granovetter, M. S. (1973). The Strength of Weak Ties. *American Journal of Sociology*, (6).

社交媒体平台以拓展海外业务。他们对构建中国国家形象发挥了不可替代的作用。不管是趋于商业化变现的原因，还是个人爱好等原因，现在越来越多的国内"网红"借势互联网，顺利"出海"，不少知名"网红"在海外社交媒体留下了浓墨重彩的一笔，拥有了更多话语权。不可否认的是，"网红"生产的平台内容取材于中国，或多或少地从侧面体现出了国家形象，从而成功地在海外社交媒体中构建出中国的国家形象。比如，李子柒的视频内容无不展示着中国人民的勤劳与智慧，展现了美味的中国美食、博大精深的中国文化以及淳朴、富足的中国形象。

国内"网红"在构建中国国家形象时呈现出人格化与个性化的特点。其一，"网红"的视频内容展示出人格化特点，"网红"凭借这些特点吸引大量粉丝，并在潜移默化中改变受众的行为态度。在心理学中，人格化定义为一般标志和特征带有人的行为，使事物赋予人类或人的品质。而在这里，人格化一般指一个人具有鲜明的个性特征，这种个性特征一般是他人无法轻易模仿的，"专属"于某个人的个性特征。在平台内容中，"网红"凭借人格化的自我展现搭建了一个个以博主为中心的"特色个人频道"，通过陆续的视频内容输出，潜移默化地影响用户的生活方式、社会交往，以及消费理念。人格化表达，强调对用户需求的量身定制，旨在提供吸引特定用户群体的内容。[1] 他们的粉丝群体一般具有较强的忠诚度，并且对"网红"所发布的内容具有独特的信任感。国内"网红"

---

[1] Tang, H., Liao, S. S., & Sun, S. X. (2013). A Prediction Framework Based on Contextual Data to Support Mobile Personalized Marketing. *Decision Support Systems*, 56, 234-246.

基于国内生活创作内容，内容来源于生活与现实，所以其内容无不展示着其独特的生活状态，同时可以从侧面展示出中国的经济、文化等特点，构建中国形象，潜移默化地影响观看者对中国的态度。

其二，每位"网红"都有其独特的个性，如今越来越吸引人的内容不再是大众化的、泛泛的，而是细分的、多元的。"网红"会根据自己的喜好或者擅长，专注某一领域或某一分区，打造出个性化的内容，从而吸引特定的粉丝群体。通过个性化内容的打造，可以让粉丝群体深入、全面地了解中国的某一个领域。比如，李子柒的视频就可以让其粉丝群体了解中国传统文化及中国特色美食。

这批在海外社交媒体占有一定话语权的中国"网红"，通过人格化、个性化的故事化内容，更容易让粉丝群体接受并受其影响，从而丰富海外受众对中国国家形象的认知。

（三）海外华人：共同体意识强

海外华人包括留学生在内，同样是在海外社交媒体中构建中国国家形象的有力主体。皮埃尔·布尔迪厄（Pierre Bourdieu）曾说"现实或潜在的资源集合体，这些资源与拥有持久的制度化的共同熟悉和认可的关系网络有关"。[1]

海外华人在海外社交媒体构建国家形象的过程中，无疑是潜在的社会资本。一大部分的海外华人真切地在中国学习、工作、生活过，他们对中国有更加直接、深入的了解，切实体会过中国的方方面面。根据罗杰斯·布鲁贝克（Rogers Brubaker）提出的离散人群

---

[1] Bourdieu, P., The *Forms of Capital*, Richardson J. G., (1985). *Handbook of Theory and Research for The Sociology of Education*. New York: Greenwood, 241-258.

母国取向，海外中国留学生对母国的认同度普遍较高。当海外华人到海外后，需要重新适应和学习海外的文化，他们由于自身经历的多样性，更加明白以何种方法，能将传播中国国家形象的效能发挥到最大化。所以说，海外华人的声音更加有效与客观，在构建中国国家形象时，要重视海外华人所发挥的重要作用。

海外华人在构建国家形象时体现出强烈的共同体思想。共同体指的是一个拥有某种共同的价值观、规范和目标的实体，其中每个成员都把共同的目标当作自己的目标。共同体不仅仅是指一群人，更是一个整体。齐格蒙特·鲍曼（Zygmunt Bauman）认为"共同体"是"社会中存在的、基于主观上或客观上的共同特征（这些共同特征包括种族、观念、地位、遭遇、任务、身份，等等）（或相似性）而组成的各种层次的团体、组织，既包括小规模的社区自发组织，也可指更高层次上的政治组织，还可指国家和民族这一最高层次的总体，即民族共同体或国家共同体。既可指有形的共同体，也可指无形的共同体。"[1] 安东尼·柯亨（Anthony Cohen）认为最好不要把共同体实体化，而要更多地注意共同体对于人们生活的意义以及他们各自认同的相关性。[2]

海外华人作为在异国他乡的离散群体，倾向于与母国的海外华人通过社群联系起来，在必要的时候团结起来，组成"海外华人共同体"，互帮互助，同时方便在构建国家形象时发出同一个声音。海外华人通过展示传统文化、分享个人经历、公共外交、跨文化交

---

[1]〔英〕齐格蒙特·鲍曼：《共同体：在一个不确定的世界中寻找安全》，欧阳景根译，南京：江苏人民出版社，2003。
[2] 李义天主编：《共同体与政治团结》，北京：社会科学文献出版社，2011。

流等多种方式在海外社交媒体上建构积极、真实、多元的中国形象,展现中国的开放性和文明性。比如,他们通过分享中国传统节日、美食、服饰、艺术、文化遗产等内容,让国外受众更直观地感受到中国文化的深厚底蕴。他们发布科技发展、社会进步、经济增长等相关推文,平衡国际媒体中可能存在的负面报道。在社交媒体上对不实报道或偏见进行反驳,澄清误解,促进公共外交。他们运用文字、视频、图片等多媒体形式,展示中国在全球事务中的角色和贡献,如参与国际援助、环保活动、国际合作等。他们运用多语言积极参与各种讨论和活动,回应关注和评论,以开放、友好的态度促进中外文化交流,促进国际社会对中国的理解与认知。

海外华人群体在海外代表着中国人民的形象,他们以一种共同体的姿态,用实际行动和声音构建着中国的国家形象,他们的声音更具说服力,对构建良好的国家形象起到了至关重要的作用。

(四)官方媒体和个人:权威性与及时性

海外社交媒体平台中的官方媒体作为向世界传达中国声音的重要窗口,在塑造中国国家形象时发挥着重要作用。在跨国化媒介机构数量方面,中国已经位列全球第三。[①] 由此可见,我国越来越重视对外传播工作,我国在积极提升国际影响力方面做出了巨大努力。

在推特中,大概有 1/4 的官方媒体,这些官方媒体主要分为两

[①] 韦路、丁方舟:《社会化媒体时代的全球传播图景:基于 Twitter 媒介机构账号的社会网络分析》,《浙江大学学报(人文社会科学版)》2015 年第 6 期。

类。一类是国内各大官方主流媒体的海外版,例如,《人民日报》(People's Daily)、新华社(New China)、中央电视台(CCTVNEWS)等海外官方账号。这些媒体在推特中主要传播中国最新动态、政策变化、各国外交活动,等等,力求向世界展示真实、立体、全面的中国。《人民日报》于2011年加入推特,截至2024年共有680万个粉丝;新华社于2012年加入,截至2024年共有130万个粉丝。进入21世纪,中国官方媒体不断开展海外社交媒体业务,整合社会资源,调整传播策略,一套传播组合拳打下来,中国官方媒体的影响力日趋变大。《人民日报》与新华社等官方媒体每天以文字、图片、视频等形式发布一些社会、科技、经济、政治等方面的新闻,以便世界全面了解中国。为增强官方媒体的平台影响力,新华社组建了一支100余人的专门队伍,负责对海外社交媒体统一账号进行运营和维护,总社编辑部和亚太、中东、非洲、北美、拉美、欧洲、亚欧7个海外总分社选派精干采编力量共同负责这项工作。①

另外,官方媒体还有一类是在国家部门从事外交、宣传等工作的国家代表人物所开设的官方账号,他们的发言往往体现出本国态度,例如,外交官赵立坚、华春莹等人。2021年1月,美国前国务卿蓬佩奥连发40多条推特恶意抹黑中国、干涉中国内政,面对无端的指责,时任中国外交部部长助理、发言人华春莹做出正面回击,称蓬佩奥的做法是想让中国倒退,并且此举只会给美国抹黑。2021年5月31日,习近平总书记在主持中央政治局第三十次集体学习时的重要讲话中强调,必须加强顶层设计和研究

---

① 王俊景:《海外社交媒体统一账号"New China"正式运行》,http://www.xinhuanet.com/world/2015-03/01/c_127530930.htm,2015年3月1日。

布局，构建具有鲜明中国特色的战略传播体系，着力提高国际传播影响力、中华文化感召力、中国形象亲和力、中国话语说服力、国际舆论引导力。[①] 近年来，外交官们面对抹黑与污名，直面媒体，通过社交平台迅速澄清，体现出我国在国际社会上越来越注重把握主动权与话语权，也体现了我国对构建中国特色战略传播体系的重视。

官方媒体及个人在构建中国国家形象时呈现出权威性、及时性的特点。它具有权威、公开、专业、专用等性质，是官方传播信息、引导公众、协调社会关系、监督与纠正不良现象的重要渠道，其发布的信息可信度高，具有强大的公信力。《人民日报》、新华社与中央广播电视总台是我国3家正部级新闻单位。他们为党和政府服务，在宣传舆论与传播新闻方面起到积极的作用。在推特中，《人民日报》、新华社等官方媒体积极发布中国最新资讯，全面展现我国的时代脉搏。新华社承担着国家级重要新闻的首发任务，根据新闻管理规定，我国所有的官方重大政务新闻一般都以新华社权威发布为准，所以新华社、《人民日报》等官方媒体的权威性是毋庸置疑的。新闻具有时效性、公开性，及时性是各大新闻媒体的普遍要求之一，作为海外社交媒体平台上的官方媒体，更要贯彻媒体的及时性。在他方诋毁、插手中国事务时，官方媒体应及时发表态度，澄清事实，以构建真实、立体、全面的中国形象。

---

① 习近平：《习近平在中共中央政治局第三十次集体学习时强调　加强和改进国际传播工作　展示真实立体全面的中国》，http：//www.xinhuanet.com/politics/leaders/2021-06/01/c_1127517461.htm，2021年6月1日。

(五) 中国企业：品牌化与国际化

随着社交媒体平台影响力的提升，越来越多的中国企业借助海外社交媒体提升国际影响力，进行国际形象建设与品牌传播。作为海外社交媒体平台建构中国国家形象的重要传播主体之一，中国企业的品牌影响力的提升有利于展现我国经济水平、科技水平以及管理水平，对塑造可信、可爱、可敬的中国形象起到重要作用。中国企业的海外传播可以将我国的制度优势、组织优势和人力优势转化为传播优势，是提升我国国际传播水平和国际传播综合影响力的重要组成部分。

中国企业在推特中呈现出品牌化与国际化的特点。由北京师范大学、中国日报网、光明网联合发布的《2021央企海外网络传播力建设报告》表明，在中国企业海外网络传播力排行榜中，中国东方航空集团有限公司（China Eastern Airlines）位列第一。中国东方航空集团有限公司在推特的订阅者超过15万人，在海外社交媒体平台推特中具有较高的影响力与传播力。中国东方航空集团有限公司在推特平台的传播内容大致分为三类：一是传播企业所提供的航空服务。主要是进行一些广告传播活动，这是企业的首要任务，意在为企业带来经济收益。二是传播企业参与的公益事业。以此树立良好的品牌形象、提升企业美誉度，体现出中国企业在海外社交媒体平台中品牌化的特点，以增强自己的辨识度，创造出独特的卖点。三是传播中国传统文化。主要是传播中华优秀传统文化，讲述中国故事，提升中国国际影响力。例如，中国东方航空集团有限公司创作了"最美汉字·10国员工写书法"的系列视频，视频中来自世界各国的员工书写带有正能量意义的汉字，将中国传统文化作为交流载体，推动中国文化"走出去",鼓励各国员工进行跨文化合作,体现出中国企业在海外社交媒体中建设的国际化特点,有利于企业开展国际业务,提高企业知名度,扩大企业影响力,增加企业的经济效益。

我国企业在海外社交媒体平台中通过企业形象的塑造映射出中国国家形象,成为海外社交媒体平台中建构中国国家形象的重要传播主体之一。

二、海外社交媒体的国外传播主体及特征

若仅有国家形象的"自塑",那么必然会有失客观,因而国家形象的塑造也离不开国外传播主体的"他塑"。

国内和国外的传播主体明显不同,在传播的文化语境接收和影响下具有差异。在中国文化的影响下,国内传播主体能够理解中国文化,积极地传播中国故事,可以客观、真实地塑造中国形象。国外传播主体大多对于中国文化不是十分了解,或一知半解,对于中国的内容需要深度理解后传播,从而与国内传播主体有一定的差异。海外社交媒体中的国外传播主体主要有国外媒体、网络博主和国际友人。

(一)国外媒体:他者化与碎片化

现今语境下,中国依旧处在被误解和被塑造的尴尬境地。中国的和平崛起、中国的快速发展,亦会引起部分国家的警惕与恐慌。媒体塑造一国的国际形象是国际行为中一国对其他国家施加影响的具体表现或一国对其他国家施行权力的延伸。[①]

---

① 刘小燕:《关于传媒塑造国家形象的思考》,《国际新闻界》2022年第2期。

国外传播主体对中国国家形象的塑造取决于中国对其的影响，而部分国家的猜忌怀疑态度，会影响媒体对中国形象有失客观的塑造。推特作为美国知名社交媒体，平台中的国外媒体是必不可少的。比如，西方主流媒体美国有线电视新闻网（CNN，推特账号：@cnnbrk）、《华尔街日报》（The Wall Street Vournal，推特账号：@WSJ）等在推特中都有众多粉丝，截至2024年，美国有线电视新闻网有超过 6 300 万名粉丝，《华尔街日报》有 2 000 万名粉丝，由此可见，这些媒体在推特中的影响力巨大。

国外媒体对中国国家形象的塑造呈现出他者化与碎片化的特征。一方面，中国对于西方国家来说是一个"他者"的存在。学者麻国庆在《走进他者的世界》中写道：他们采取殖民主义的立场，以欧洲为中心，把新大陆和非洲的视为野蛮的、未开化的"他者"世界。① 对于西方国家来说，遭受过殖民主义的中国无疑是一个"他者"，霍礼德（Holliday）等人把"他者"解构为四个相互关联的方面，其中前两个就是"刻板印象"和"偏见"。② 对中国有刻板印象与偏见的国家一直存在。一些国家认为中国是一个专制、落后的国家；随着改革开放以来，中国在各方面迅速发展，中国甚至被当作一种"威胁"。所以西方媒体中存在诉说"他者"的新闻报道框架，这些报道中很多是负面报道，正如学者戴维·理查兹（David Richards）所言，"表现上声称描述他者的材料，实际上与

---

① 麻国庆：《走进他者的世界》，北京：学苑出版社，2001年。
② Holliday, A., Hyde, M. & Kullman, J. (2004). *Intercultural Communication: An Advanced Resource Book for Students* (2nd ed). London & New York: Routledge.

欧洲人的自我再现和身份有关。"①

另一方面，国外媒体为适应推特平台的碎片化特征，在进行新闻传播工作时也具有碎片化的特点。表现为媒体会在一整篇报道中抽离出只言片语进行选择性报道，以满足其商业意图，同时契合受众在快节奏时代背景下快餐式的阅读习惯，但这些有关中国的选择性报道难免会为中国的国家形象带来负面影响。西方一些媒体对中国新闻的选择性报道，违背了新闻原则，还会潜移默化地影响受众的意识，无疑对中国国家形象带来了负面影响。

（二）网络博主：客观性与多元化

一些在中国工作、学习、生活过的外国人，凭借自身优势纷纷成为网络博主，在社交媒体平台分享他们在中国的所见所闻。他们一方面真切感受过中国的风土人情，另一方面具备语言优势。在海外社交媒体平台上，就涌现出这样一批"洋网红"，他们也是塑造中国国家形象的主要传播主体。

"我是郭杰瑞"是众多活跃在社交平台上的博主之一，他是一名犹太裔美国人，毕业后选择来中国工作，逐渐爱上了中国美食与中国文化，他发布的视频内容以试吃中国美食、介绍美国文化与对比中美差异为主。郭杰瑞目前在油管的粉丝量为162万，在推特上的粉丝量为93.5万，是一位影响力不小的"洋网红"。他以客观或正面的角度介绍中国，经常分享关于中国经济、科技、社会等方面的发展视频，如中国高速铁路系统、电子支付的普及、城市景观的

---

① ［英］戴维·理查兹：《差异的面纱》，沈阳：辽宁教育出版社，2003。

变化，也涉及中国传统文化及现代文化的各方面，他介绍中国国内的积极故事和正能量人物，强调中国在解决各种问题上的努力。他以英语母语直接与国际观众沟通，并以幽默诙谐的风格吸引观众，助力建构现代、开放、发展中的中国国家形象。

此外，印度籍博主"Nomadic Tour"（中文译名：游牧旅人）在北京市、新疆维吾尔自治区、陕西省西安市等地拍摄的旅游视频在海外社交平台油管走红；英国"网红"账号"Living in China"（中文译名：生活在中国）在海外社交平台油管发布有关中国的视频，平均点击量在 50 万次左右；来自澳大利亚的"网红"账号"Blondie in China"（中文译名：金发女郎在中国）拍摄了许多中国的美食；来自巴基斯坦的"网红"账号"Mahzaib Vlogs"（中文账号：巴基斯坦的美月）展现了在云南省香格里拉市旅游时，遇到傈僳族妇女大方地给她介绍民族服装，藏族群众手捧哈达邀请她一起在雪域高原共舞。[①] 他们亲身品鉴中国美食，体验中国传统文化，又以第一视角、地道朴素的当地语言讲述中国故事，引发海外受众共情。

"洋网红"作为一座桥梁，将中国故事、中国形象展示给全世界，作为重要的传播主体让世界各国认识到一个真实、立体、全面的中国，可信、可爱、可敬的中国。

（三）国际友人：说服力与公信力强

国际友人作为外国与中国相连接的纽带，对构建真实、立体、

---

① 马希平：《洋网红讲中国故事，可信！》，新华社，2023 年 9 月 27 日。

全面的中国国家形象起到不可替代的作用。他们切实感受过中国制度、文化等，对中国持有好感，他们的传播内容具有很强的说服力，展现了更加客观、真实的感受，是构建中国国家形象不可或缺的主体。

还有一些对中国态度友善且保持观望态度的国际友人，他们公信力强，容易受到本国人民的信任。这些国际友人熟悉中国历史，他们关于中国事件的报道，容易为国际社会所接受和相信，并较易赢得广大读者的同情和支持，① 并且能够在个别媒体歪曲中国国家形象时表达自己的理性、客观的态度，是建构中国国家形象时重要的国外传播主体。在西安生活了20多年的法国人迈克（Mike）经常分享自己有趣的中国生活：如用抖音分享自己学的陕西话，在脸谱网上发布在中国过年的情况等。在海外社交媒体上的"China travel"话题中，大部分博主的标题都提到中国和他们想象中的不一样，他们认为亲身来中国旅游之后，此前对于中国的刻板印象便被打破了。②

众多国际友人对中国客观中肯的评价，是在国际范围内对中国国家形象最有影响力的传播。

第三节　海外社交媒体传播者的重要意义

海外社交媒体上的普通用户是构建中国形象的主体。党的十八大以来，我国大力推动国际传播，守正创新，努力构建起多主体、

---

① 鲍世修：《国际友人笔下的中国国家形象传播》，《红旗文稿》2012年第15期。
② 罗琨、薛婷阳：《入境游火了！"景点长满外国人"》，中新经纬，2024年6月6日。

立体式的大外宣格局,① 提高了国际影响力、传播力与公信力。除了官方话语体系,来自民间话语体系的普通用户们的内容参与,让国家形象具有"平民味道"。通过各种普通用户传播渠道的扩散,国家形象变得更加真实、立体、全面。

国家形象是一个"自塑""他塑""合塑"共同作用的结果,海外社交媒体中的传播者可以有效传播中国文化,讲好中国故事,建构真实、立体、全面的中国国家形象,提升海内外人士对中国的好感度。

一、传播中国文化

习近平总书记在中央政治局第三十次集体学习时强调:"要更好推动中华文化走出去,以文载道、以文传声、以文化人,向世界阐释推介更多具有中国特色、体现中国精神、蕴藏中国智慧的优秀文化。"党的十九届五中全会明确提出我国到 2035 年建成文化强国的远景目标,这就要求传播者在海外社交媒体中发挥积极作用,向世界各国传播中华优秀传统文化,不断增强国家文化软实力。

媒体是实现中国文化走出去的重要载体。传播者也积极利用海外社交媒体推动中华优秀传统文化的创造性转化与创新性发展,例如,2022 年北京冬奥会几乎所有"器"的相关设计都从中国文化中汲取了灵感,同时根据时代特点与时代发展,赋予中国文化新的时代内涵与现代表达形式,在继承中转化,在学习中超越,在平台中展示,向世界全方位展现了一个传统与现代相融合的中国,同时

---

① 李正栓:《多措并举加强国际传播能力建设》,《中国社会科学报》,2022 年 1 月 21 日。

为世界打开了一扇五彩纷呈的中华优秀传统文化展示窗。

海外社交媒体中的传播者选择北京冬奥会等优秀案例在平台进行传播与分享，推动中国文化"走出去"。同时多措并举，使用多模态话语促进中华文化多层次、立体化传播。"网红"等影响力较大的传播者，发挥影响力优势，利用视频、图片化表达传播中国文化；普通用户多使用文字、图片的形式以增强说服力。多种传播者互为补充，多层次、全方位向世界传播中国文化。

二、提升对中国的好感度

好感度是抽象的概念，在国际传播中，对国家的好感度就是对这个国家怀有积极的态度或积极的印象。民众对某个国家的好感度高，往往能够对这个国家进行持续的关注，并深入了解这个国家的文化，又能够在国际事件中给予其支持的态度。因而，提升国外民众对中国的好感度对于中国故事的对外传播具有重要意义。

社交媒体直接改变了媒体的话语体系。传统媒体的话语体系严肃、考究，社交媒体的话语体系追求亲近、真实，拉近彼此之间的距离。海外社交媒体中的传播主体通过表达自己真实的感受，塑造中国形象。这些主体表达的内容并未上升至国家政治层面，不包含强烈的意识形态内容，突破了国家和地域的限制，在海外社交媒体的场域中以不同的形式呈现给受众，既侧面表明了我国的态度，又能够让受众理解其看到的中国，改变对中国固有的认知。传播者更多以泛娱乐化和社交化的方式活跃在海外社交媒体平台上，参与一些流行文化、亚文化、情绪诉求与消费方式等方面的话题讨论,① 因此文化、旅游等相关传播内容,更容易为其他各国用户所接受,这些传播内容也能向世界展示一个开放包容的中国,从而有效提升国外民众对我国的好感度。

三、全面塑造中国形象

当今我国正处在"两个一百年"奋斗目标的历史交汇点上,中华民族伟大复兴进入了关键时期。

在国际上看,世界百年未有之大变局加速演进,国际经济、科技、文化、安全、政治等格局都在深刻调整,中国发展的外部环境日趋错综复杂。我国需要提升主动塑造中国形象的能力,改变被言说、被塑造的现状,努力发挥国家形象的自塑作用。

海外社交媒体中的传播者作为塑造中国国家形象的主体,可以有效塑造真实、立体、全面的国家形象。不同于政府官方媒体,普通用户是民间传播的代表,他们可以有效补充官方话语表达,在海外社交媒体平台分享生活、参与讨论,以最快的速度触及海外各国用户,向世界各国传播中国声音,塑造中国国家形象。

本 章 小 结

海外社交媒体构建中国国家形象的传播主体具有以下几个特点:中国网民数量庞大,持续呈"入网"增势;传播主体从"一元"到"多元",机遇与挑战并存;从"官方"到"民间",大批

---

① 张志安、李辉:《海外社交媒体中的公众传播主体、特征及其影响》,《对外传播》2020年第5期。

"网红"成功"出海";青年群体力量凸显,成为中国声音的重要传播者。

聚焦到某一具体的传播主体,又分别具有不同的特点。青年群体具有泛娱乐化与个性社交化的特点;国内"网红"呈现出人格化与个性化的特点;官方媒体具有权威性与及时性的特点;海外华人(包括留学生)群体共同体意识较强,以及中国企业具有品牌化与国际化的特点。这些由民间主体组成的传播主体在构建真实、立体、全面的中国国家形象方面都起到了不可替代的作用,为中国声音被世界所知奠定了基础。

此外,国际友人对中国形象的建构也起着正面的作用。但也需注意,部分国外媒体对中国"他者化""碎片化"的报道,易使受众陷在对中国的"刻板印象"和"偏见"里,我们应当积极应对此类情况。

第三章 海外社交媒体建构中国形象的主要内涵

社交媒体打破了传统媒体垄断信息和设置议程的强势地位，并凭借其高效率、大众化、全球化的传播特性，逐渐成为塑造和传播国家形象的重要平台，为中国形象的建构带来了全新的机遇和挑战。

在媒介变革演进的同时，中国对国家形象的重视也上升到了前所未有的战略高度。当今世界正处于百年未有之大变局，值此实现中华民族伟大复兴的关键时刻，我们要讲好中国故事，传播好中国声音，展示真实、立体、全面的中国，努力加强顶层设计和研究布局，构建具有鲜明中国特色的战略传播体系。

海外社交媒体平台上的中国国家形象以具体的事件、话题为依托，如"中国共产党成立一百周年""北京冬奥会"和"一带一路"倡议等。本章重点分析海外社交媒体推特关注哪些中国议题、在具体情感呈现上有何倾向，深入探讨中国国家形象在平台上的精准画像。

第一节 海外社交媒体平台的数据搜集与词频分析

一、海外社交媒体平台的数据搜集与整理

（一）数据搜集与清洗

本章采用内容分析法，以推特平台为例，分析海外社交媒体上民众构建的中国形象。在推特主页以"China""Chinese""中国"为关键词进行检索，时间限定为自2019年12月20日至2021年12月20日，共计得14 258条文本。

由于推特的算法无法显示全部搜索结果，无法获知总体数量，故本章的研究范围仅限于检索结果范畴。根据本研究需要，对程序进行设定，按照检索词进行搜索，并根据主题词对文本进行爬梳取样，按照表1所列格式导出文本。

表1 数据搜集的格式

序号	发布人	标题	摘要	主题词	检索词
文本序号	用户名	文本内容	链接文章首段	链接文章主题词	文本对应的搜索词汇

（二）软件选择

选择KH Coder软件对推文的标题和主题词进行词频分析，得出推特平台上网民关注的主要议题。本章对网民关注的议题进行初步分析，进而利用ROST内容挖掘系统对网民的情感表达和国家形

象的建构展开重点分析。

二、海外社交媒体文本的词频分析

网民在社交媒体上发布的内容是零散碎片化的。单个网民发布的内容是其个人对事件或国家形象的认知,在某个议题事件下,网民共同的情感倾向和认知表达代表着其对国家形象的认知。我们首先对推文内容进行词频分析,确定推特上网民重点关注哪些议题。

(一)标题词词云分析

通过 KH Coder 软件分析后,剔除不具有实际意义的实词和虚词,对词频进行统计,得出关于中国形象的中英文推文中提及频率最高的前 100 个关键词,制作标题高频词词云图(如图 2 所示)、摘要高频词词云图(如图 3 所示)和标题高频词话题类型统计表(见表 2)。从词云图中可以看出,推特上网民对中国形象的构建,

图 2　标题高频词词云图　　　　图 3　摘要高频词词云图

主要围绕特定话题或事件展开,如"中国共产党成立一百周年""北京冬奥会"和"一带一路"倡议等,这一结果也符合当今社会社交媒体用户碎片化的浏览习惯。

(二)标题词词频分析

1. 从话题类型来看:经济议题最为热门,政治议题覆盖最广

摘取样本中出现频率最高的中英文关键词各 30 个,按照关键词涉及的话题类型进行分类,得到结果如下(见表 2):

表 2 标题高频词话题类型统计表

英文文本			中文文本		
话题类型	英文关键词/字	词频(次)	话题类型	中文关键词/字	词频(次)
Economy	road and belt	1 285	经济类	"一带一路"	3 060
	initiative	1 120		发展	335
	finance	375		建设	312
	debt	330		全球	282
	project	256		公司	276
	infrastructure	176		经济	274
	economic	135		项目	248
	development	131		合作	240
	railway	102		基建	165

续 表

英文文本			中文文本		
话题类型	英文关键词/字	词频（次）	话题类型	中文关键词/字	词频（次）
Economy	cooperation	72	经济类	投资	164
	investment	65		铁路	139
	trade	64		债务	127
Politics	China	1 850	政治类	华为	92
	nations	274		中国	2 557
	Xi	209		美国	970
	Jinping	171		中国台湾	315
	Pakistan	144		习近平	298
	president	119		中国新疆	194
	Australia	119		欧盟	158
	Africa	68		德国	153
	Russia	37		澳大利亚	136
	Japan	35		非洲	134
Society And Culture	YouTube	154		中国香港	97
	scandal	102		印度	78
	coal	101		俄罗斯	74
	digital	59		人类命运共同体	67
	Covid	45	社会文化类	科技	304
	climate	33		技术	132
	dirty	33		丑闻	107
	security	31		疫情	74

英文高频词分为三类：① 经济类，涉及"一带一路"、进出口贸易、债务、金融等；② 政治类，涉及中国、民族、中国人等内政话题，以及总统、巴基斯坦、澳大利亚等外交话题；③ 社会文化类，如奥运会/冬奥会、能源问题、煤炭、绿色发展等。

中文高频词分为三类：① 经济类，主要包括"一带一路"、投资合作、基建等；② 政治类，如内政、中美关系、"中国台湾问题""中国新疆问题"等；③ 社会文化类，如科技、丑闻等。其中，经济、政治话题的词频最高，政治话题涉及面最广。

2. 国际关系影响网民议题

从表3中可以看出，在外交、国际关系方面有关中国的议题所涉及的地理范围上较为广泛，涵盖了世界各国及地区。

表3 推文涉及国家及地区统计表

序　号	国家/地区关键词	词频（次）
1	中　国	2 557
2	美　国	970
3	中国台湾	315
4	中国新疆	194
5	欧　盟	158
6	德　国	140
7	澳大利亚	136
8	非　洲	134

续　表

序　号	国家/地区关键词	词频（次）
9	中国香港	97
10	印　度	78
11	俄罗斯	74
12	老　挝	62
13	巴基斯坦	43
14	阿富汗	41
15	越　南	39
16	东南亚	36
17	韩　国	32
18	埃　及	23
19	泰　国	22
20	东　盟	20
21	古　巴	19
22	伊　朗	19
23	瑞　士	19
24	塞尔维亚	18
25	马来西亚	18

续　表

序　号	国家/地区关键词	词频（次）
26	法　国	16
27	朝　鲜	16
28	尼泊尔	14
29	波　兰	14
30	缅　甸	13

海外社交媒体用户在国际关系方面尤为关注中国与美国、欧洲及非洲的关系，表明我国的国际影响力正在逐步增强。在国家层面，以中国为主体的相关事件和相关讨论也较多。从词频来看，与中国有关的内容中提及频率最高的国家是美国，反映出国际对中美关系话题的高度关注。巴基斯坦、古巴、老挝等亚非拉发展中国家及"一带一路"共建国家提及频率较高，这与我国推进的"一带一路"倡议密切相关。此外，还有日本、韩国等我国周边国家，主要涉及国家的领土争端、文化争议等话题。

（三）词频相关性分析

本文采用 ROST 内容挖掘系统对摘要样本推文进行相关分析，得到共词矩阵（如图 4 所示），以探索关键词之间的关联性与逻辑性。

词频最高的"一带一路"，它的联系最为广泛，既与"发展""经济""建设""投资"等经济领域的词相联系，还与"美国"

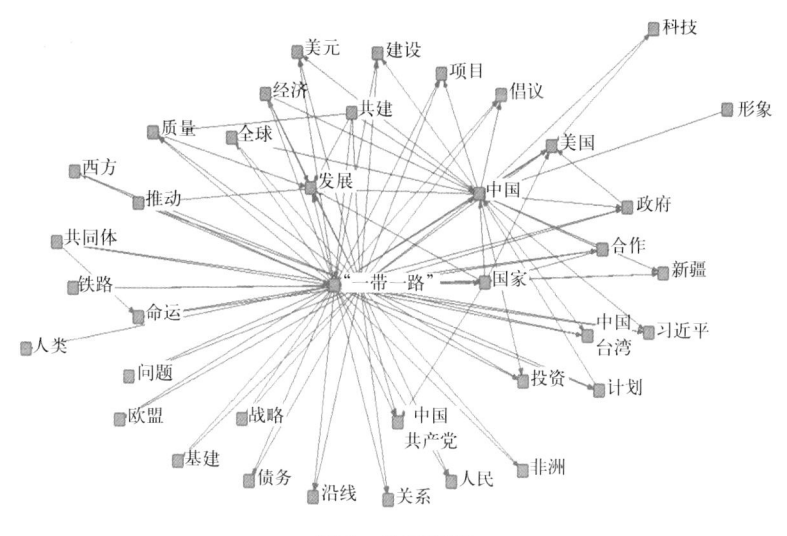

图 4　共词矩阵

"全球""欧盟""非洲""人类命运共同体"等词相关,体现了这一议题的国际性。让全世界成为命运共同体是我国的美好愿景,截至 2021 年 1 月,我国与 171 个国家和国际组织,签署了 205 份共建"一带一路"合作文件。① 我国与"一带一路"共建国家交往日益密切,在基础建设、经济投资等领域取得一系列成果,以"一带一路"为中心词的关系网也逐渐形成。我国与非洲的发展中国家一直保持着友好往来,"一带一路"倡议的提出和实施也让非洲国家颇为受益。

但是,我国和其他发展中国家的进步与发展也引发了一些摩擦。如非常典型的中兴事件、华为事件,因而在词的关联中"美国"常与"科技"相联系。2019 年 5 月,美国时任总统特朗普签

---

① 张广琳:《我国已签署共建"一带一路"合作文件 205 份》,https://www.yidaiyilu.gov.cn/xwzx/gnxw/163241.htm,2021 年 1 月 30 日。

署名为《确保信息和通信技术及服务供应链安全》的行政命令,宣布进入所谓的"国家紧急状态",禁止在信息和通信领域进行所谓"可能对国家安全构成风险的交易"。① 2019 年 5 月 15 日,美国发布针对华为等公司的限制交易令。② 在相关性分析中,"质量"一词也是"一带一路"中的关注点,体现着我国从"中国制造"转向"中国智造"的进阶,这既是我国产业结构的升级,也是我国制造业发展在国际印象上的扭转。

从词的相关性整体分析中可以看出,网民的文本内容与我国经济、政治、文化的发展密切相关,关注的议题交织呈现,复杂多变,可见展现的中国形象是立体多面的,并非简单的一个维度、一个事件就能够说清楚。国家与国家通过多种途径的联系,构成了相互之间的交往脉络。网民从政治立场、国家利益、意识形态等角度结合不同事件对他国进行评价,这说明在重大议题上及时反应、提高议程设置能力、处理好国际关系对展现良好的大国形象尤为重要。

第二节　网民建构的中国形象

一个国家的形象除了包含客观存在的实体形象,还包含在受众认知中形成的形象,兼具客观性和主观性。刘继南在其著作中指

---

① 宋博:《手握自主研发科技　美供应商向华为"低头"》,《商业观察》2019 年第 7 期。
② 王祎:《美针对华为等公司发布限制交易令,华为这样回应》,https://baijiahao.baidu.com/s?id=1633661747132966359&wfr=spider&for=pc,2019 年 5 月 16 日。

出，客观的国家实体形象通过不同媒介施受、"把关"控制、意识形态加工而发生变形，形成国家的媒介形象；再经由公众解读加工，最终形成公众认知的国家形象。[①] 社交媒体上对国家形象的塑造更为复杂，公众在交流与分享中，形成对国家形象的新认知。

推特上有大量网民表达对中国的喜爱，呈现他们眼中最为真实的中国。有的网民本身来自中国，他们了解中国的真实情况，将自己的所见所闻、生活经历在海外社交媒体上进行分享，在网民中形成意见领袖，其内容形成"点-面"传播。也有部分理性的海外网民会真实客观地判断中国在具体事件中的表现，表达自己对中国的理解。如冬奥会和南海争端，有网民发布了这样的帖子："一个四处拉帮结派到中国南海闹事的美国，一个以各种理由打击遏制中国科技、中企的美国，一个以各种非政府组织（NGO）渗透破坏中国的美国，一个以哗众取宠来抵制北京冬奥会的美国，一个以各种谎言攻击中国人权、干涉中国内政的美国，到底是谁缺乏国际形象安全感呢？"这样的疑问直接表达了对美国霸权的不满，也从侧面塑造了中国被美国攻击、干涉内政但仍然积极倡导和平的中国形象。

本节通过推文样本分析在推特上的用户对中国国家形象的认知和评价。

一、经济：促进全球经济发展的国家形象

2013年，习近平总书记在出访东盟国家时提出共建"丝绸之路经济带"（以下简称"一带"）及"21世纪海上丝绸之路"（以

[①] 刘继南：《国际传播与国家形象——国际关系的新视角》，北京：北京广播学院出版社，2002。

下简称"一路")的倡议,① 从此,"一带一路"掀开了中国与世界发展新的一页。"一带一路"倡议是习近平总书记深刻思考人类前途命运及中国和世界发展大势,推动中国和世界合作共赢、共同发展做出的重大决策。②"一带一路"倡议是我国开创的新型区域合作平台,致力于分享中国改革发展红利、中国发展的经验和教训,推进与沿线国家间的交流与合作,构建一个政治互信、经济融合、文化包容的利益共同体、命运共同体和责任共同体。③

2021年,中国与"一带一路"共建国家贸易额达到1.8万亿美元,同比增长32.4%;对"一带一路"共建国家直接投资214.6亿美元,增长15.3%。④ 2022年第一季度,中国对"一带一路"共建国家非金融类直接投资52.6亿美元,同比增长19%。⑤ "一带一路"倡议已经形成一整套与人类命运共同体理念高度契合的价值理念,符合中华民族怀柔远人、和谐万邦的天下观,是推动构建人类命运共同体的重要实践平台。⑥

推特平台上对"一带一路"的认知与评价如何?网民们以"一带一路"倡议为中心话题,呈现了一个影响力广泛、促进全球

---

① 李佳藳、习近平:《中国愿同东盟国家共建21世纪"海上丝绸之路"》,新华网,2013年10月3日。
② 柳丝、宿亮:《瞭望·治国理政纪事 | "一带一路"铺通共赢大道》,https://h.xinhuaxmt.com/vh512/share/10889209?channel=weixin,2022年6月18日。
③ 王义桅:《"一带一路"的三重使命》,http://www.gov.cn/xinwen/2015-03/28/content_2839660.htm,2015年3月28日。
④ 柳丝、宿亮:《瞭望·治国理政纪事 | "一带一路"铺通共赢大道》,https://h.xinhuaxmt.com/vh512/share/10889209?channel=weixin,2022年6月18日。
⑤ 同上。
⑥ 同上。

经济发展的大国形象。

在经济上,多数网民认可中国"一带一路"倡议,从其带来的实际益处评价中国"一带一路"倡议。有网友说:"'一带一路'倡议的展开将为世界发展做出新贡献","跟中国签署'一带一路'协议的国家有 100 多个,证明了中国对世界的影响力"。也有不少发展中国家网友现身说法,认为本国与中国"一带一路"的战略合作是"加强投资,巩固双边经济和贸易关系"。

中国对"一带一路"共建国家的帮助、与其他国家的合作,展现了中国包容开放的负责任大国形象。"一带一路"倡议帮助相关国家提升了基础设施的数量和水平,如网友 R 称:"中国的'一带一路'倡议旨在世界各地建设港口、铁路和公路等基础设施,它持续在东南亚取得进展。"有一些网友看到了"一带一路"倡议对世界的贡献和其为相关国家带来的积极影响,认同中国"人类命运共同体"的价值观,并且赞扬了中国乐于助人、开放包容的品质。如网友 D 说:"'一带一路'倡议在非洲大陆开枝散叶,截至目前,已有 52 个非洲国家同中方签署相关合作文件。'独行快,众行远',正如这句饱含了古老非洲智慧的谚语所言,中国与非洲携手共进、合作共赢,一定能为中非人民谋取更大福祉,也能为世界和平稳定贡献更大力量。"有网友指出中国"一带一路"倡议深得民心,如网友 S 说:"'一带一路'倡议帮助弱小国家发展,中国一直帮助非洲、拉丁美洲发展",网友 H 说:"截至目前,中国已与 145 个国家、32 个国际组织签署 200 多份共建'一带一路'合作文件。这足以证明群众的眼睛是雪亮的,对中国为推进构建人类命运共同体所做的努力是认可和肯定的。"

网民们通过事实对中国的"一带一路"倡议进行评价，如认为中国与非洲 52 个国家签署文件可为中非人民带来更大福祉，与 145 个国家、32 个国际组织签署文件足以证明中国为推进构建人类命运共同体所做的努力。网民们的评价烘托了中国爱好和平、合作共赢、负责任大国的形象。

我国提倡的新理念和价值追求也获得了理解和认可。如网友 F 说："这些事情诸如植树造林、'一带一路'、建立人类命运共同体，符合全世界人民的价值追求，摆脱了假大空式的虚伪"，网友 L 驳斥了部分西方国家的傲慢和无知："中国经济社会取得了前所未有的进步，人类命运共同体和'一带一路'让中国真正与世界接轨，共同富裕是最普遍、最根本的公平正义。用惯有的认知方式居高临下评价中国，就永远看不懂中国，也就不能理解中国人对祖国的情感。"

由此看出，部分网民看到中国的实际做法之后，能够理解中国"和平发展"的理念，能够理解中国倡导的构建人类命运共同体的理念，这有利于我国观念和理念的输出，有利于我国在社交媒体上形成良好的国家形象。

除"一带一路"外，"贸易""投资""进出口"等与经济相关的词汇也多次出现，表明我国作为世界第二大经济体、第一贸易大国，在进出口贸易和跨国投资方面发挥着不容置疑的作用。"建设""铁路""基建"等基础建设相关的高频词汇则表明我国基础建设的高速、高质量发展也引起了海外网民的高度关注。

然而，也有与正面形象截然相反的认知，有网民并不认同、看好我国"一带一路"倡议，认为"一带一路"倡议在国际上是中国掠夺他国资源、制造债务陷阱的做法，在中国国内则存在腐败、劳民伤财的问题。还有网民认为，在中国经济的快速发展及中国与"一带一路"共建国家的合作发展中存在危机，并借此鼓吹"中国威胁论"。可见关于"一带一路"的中国"自塑"形象与其他国家的"他塑"形象仍然具有一些差异。

二、政治：影响世界的多元外交大国形象

有关中国的政治议题涉及内容较为广泛，大致可分为内政和外交两个方面。

在内政方面，海外社交媒体用户主要关注我国的政治体制、国家领导人活动、最新政策、"中国台湾问题""中国新疆问题""人权与言论自由问题"等。例如，网民们对2021年2月发生的"新疆棉"事件的讨论尤为激烈，在美国有线电视新闻网、英国广播公司、卫报（*The Guardian*）的报道中，"中国顾客""强迫劳动""说明"等成为高频词。面对海外反华势力的恶意造谣，许多中国网友纷纷在推特上发声支持中国新疆棉，引发舆论高潮。

例如，网民S1质疑国外媒体对"新疆棉"事件的报道：

> 美国和美国之音是主考官吗？主考官及格吗？轰炸伊拉克贫民是在维护人权吗？污蔑新疆并制裁新疆产品，企图断绝新疆人民生计是在维护人权吗？肆意打压中国科技企业，阻挠中国发展高科技是在维护人权吗？

许多网民在海外社交媒体上据理力争，有力地反击了相关不实

言论。

在外交、国际关系方面，有关中国的议题所涉及的地理范围较为广泛，涵盖了世界各国及地区层面（见表3）。中国与美国、欧盟之间的博弈影响着世界的格局及多个国家人民的日常生活，所以在海外社交媒体上是热点话题。中国与亚非拉的发展中国家的交流合作也较多在海外社交媒体上被提到，这主要与我国推行的"一带一路"倡议有关。此外，还有日本、韩国等周边国家，主要涉及国家的领土争端、文化争议等。

在词频表中，"习近平""政府"都是政治方面的高频词汇，表明随着中国全方位的发展和高速崛起，在国际上拥有越来越重要的影响力，中国的外交、在国际上的地位、在全球中发挥的作用越来越受世界瞩目，我国提出、倡导的"人类命运共同体"理念也在世界范围内引起了广泛关注和讨论。

三、文化：跨文化交流繁荣的国家形象

相较于经济、科技等领域，文化领域整体被提及的相对较少，在推特上我国文化的认知度和影响力还有很大改进的空间。

海外华人华侨出于对民族文化和传统文化的强烈的认同，会对中华优秀传统文化自觉进行传播。他们对自己的故土有着强烈的情感，会自发地寻找相关内容，希望在传播和分享中获得民族认同。中华优秀传统文化相关内容的分享促进了中国形象的多元和完善，成为中国文化形象中重要的一部分。

> 网友Y：东西方文化交流的使者！《归来·丝路瓷典》展，

来自"一带一路"共建国家的数百件（套）景德镇生产的外销瓷器亮相，展现着陶瓷艺术的辉煌与充满魅力的丝路文明。

网友 X：源自先秦两汉时期楚文化的湖湘文化，是中国历史上重要的文化思潮。……湖南花鼓戏，作为中国戏曲文化的重要分支，湖湘戏曲特色《刘海砍樵》更是家喻户晓，以古法塑形、珐琅描绘，刻画经典人物形象，栩栩如生，传神绘意，让爱情故事历久弥新。

网友 P：中国银行的制度和"一带一路"，以及对待中国其他种族的制度……有太多值得重新学习的文化，参考古代汉族的制度完善现代制度，人们需要什么制度，中国就创造什么制度，制度一直在改变，中国一直在前进。

网友 Y 评价了《归来·丝路瓷典》展的意义，认为其展示了景德镇外销瓷器，展现了中国陶瓷艺术的辉煌与丝路文明的魅力。网友 X 宣传了湖湘文化，并以湖南花鼓戏《刘海砍樵》为例，赞扬了其在塑形、描绘、刻画经典人物形象上的优点。网友 P 提出要学习古代的制度文化，以完善现代制度。

我国现当代的电影、电视剧、音乐作品在海外有一定的关注度，一些明星轶事常成为海外网民讨论的内容。比如，网友 S2 经常发布有关中国明星的娱乐新闻，这种娱乐新闻影响的受众是广泛的，而且往往会使网友由对明星个人评价上升至对国家文化和国家对艺人规范的评价，从而转喻生成国家形象。

网友 D1：李小龙成长于中国香港一个贫寒的家庭，他在家中排行老大，有9个弟弟、1个妹妹，在外打拼时他还经常寄钱回家供弟弟妹妹们念书。李小龙凭借一部华语功夫电影《精武门》，打破了"东亚病夫"的文化"招牌"，刻画了霍元甲和陈真这些功夫英雄形象。

网友 X：山东籍明星各有风情：巩俐霸气、张雨绮飒爽、倪萍端庄。巩俐的祖籍是山东济南。山东省作为孔孟之乡，有着非常深厚的文化底蕴。这块土地上也涌现出了许多的明星，他们男帅女靓、各有风情。巩俐也是集各大奖项荣誉于一身。从戛纳电影节，到柏林、威尼斯电影节，她是世界影史第二个主演影片包揽欧洲三大电影节最高奖的演员。她主演的《菊豆》《大红灯笼高高挂》《秋菊打官司》《霸王别姬》《艺伎回忆录》等都是顶级的佳作，她的精彩演绎也为角色增色不少。

网友 D1 介绍了著名华人武打电影明星李小龙的生平，并指出他演的《精武门》刻画了霍元甲和陈真等功夫英雄形象，打破了"东亚病夫"的文化招牌。网友 X 评价了山东籍明星各有特点，并重点称赞巩俐主演的《菊豆》《大红灯笼高高挂》《秋菊打官司》《霸王别姬》《艺伎回忆录》等都是顶级的佳作，都是她实力的体现。国际影视明星成为中国一张具体的人物名片，展示着独具魅力的中国人的脸庞和形象。电影文化的交流是广泛的，是无明显国界的，在具有明显文化语境下创作的电影、音乐等文化作品更容易被国外受众接受。

除此之外，一些中国的短视频博主在海外走红，受到了多方关注。李子柒已经形成了自己的 IP，在海外拥有了大量观众，而在李子柒停更期间,"另外一种类型的中国农村短视频叙事正在迅速崛起,一个叫'张同学'的辽宁营口人正在抢占注意力,重新开辟了一条与李子柒风格迥异的新赛道"。

在"一带一路"倡议的背景下,文化的国际交流也是重要的关注点。

> 网友 C:"一带一路"倡议使古丝绸之路精神穿越时空,在当今世界发扬光大,不仅给中华优秀传统文化注入全新内涵,而且使新时代中国外交理念闪耀着文明和智慧的光芒。
> 网友 W:今年又有 7 个国家同中国签署了"一带一路"合作文件,"一带一路"大家庭成员国增至 145 个。"一带一路"亚太区域会议成功举行,与会 30 国呼吁加快绿色转型、促进世界经济可持续复苏。绿色发展、税收、能源、金融、减灾、智库、媒体、文化艺术等领域"一带一路"召开 40 余场会议。
> 网友 W1:走进俄罗斯米丘林大街地铁站,红色立柱、团寿纹、祥云等中国元素随处可见。这里已经成为中俄友谊的新地标,展现出"一带一路"上的跨文化盛景。

网友 C 指出"一带一路"倡议在文化交流上的重要意义,认为"古丝绸之路精神"为中华优秀传统文化注入了全新内涵,也使当今中国外交理念显得更加充满"文明"和"智慧"。网友 W 指出 2021 年"一带一路"成员国增至 145 个,参加"一带一路"亚太区域会议的有 30 个国家,而有关绿色发展、税收、能源、金融、减灾、智库、媒体、文化艺术等领域的会议交流有 40 余次。网友

W1 指出了中国元素在莫斯科随处可见，展现了中俄的跨文化盛景。

国外受众对中国文化的关注呈现多元性，在关注"一带一路"经济发展的同时，也关注到对于文化的交流，如丝绸之路精神从国内的宣传到国外受众更为具体的理解，中俄友谊也通过文化元素的交往变得真实而具体。网友发表的文本内容对中国文化的关注也真实而具体，有助于建构文艺和文化交流繁荣的中国国家形象。

四、科技：科技冷战中备受打压的国家形象

近年来，中国诞生了大批科技公司，还有不少公司走出国门，在国际上也取得了不错的成绩，引起了世界各国的广泛的关注，例如，华为技术有限公司、中兴通讯股份有限公司、小米科技有限责任公司等通信技术公司，还有阿里巴巴有限公司、深圳市腾讯计算机系统有限公司、北京字节跳动科技有限公司等互联网公司。

推特上有很多网民对中国科技企业发展的关注是密切且深入的。首先是关注中国国内企业的最新发展动态，尤其是中国互联网企业在美国的发展与美国本土互联网公司的竞争发展引发关注。其次是关注中国国内互联网企业发展背后的逻辑。

> 网友 D2：泰国政府将深化与中国科技公司华为的合作，因为华为加快了数字技术的采用。
>
> 网友 L1：随着全球化的加速，大湾区的科技公司正在加速指数级增长；而随着中国经济的停滞和市场饱和，北上深互联网大厂正在逐渐陷入停滞。人们都在乐观讨论中国科技企业赶超硅谷；阿里巴巴的市值只剩下苹果的 1/10 了——更别提还

有谷歌、亚麻、微软、Meta 等一批公司，中国大厂正在被加速甩开。

网友 R1：TikTok 北京团队的一份文件提供了一些新细节，让人得以一窥该应用的数学核心，以及该公司对人性的洞察。文件也揭露出，TikTok 从未切断与中国母公司字节跳动的关系。……而且文件是从中国科技行业的角度叙述的。例如，它没有提及脸谱网和谷歌等美国竞争对手，而是讨论了如果今日头条、快手、微博做了类似的事，TikTok 是如何让你上瘾。

网友 D2 指出泰国政府与中国科技公司华为的深度合作在于华为对数字技术的加速使用。网友 L1 则并不看好中国互联网企业的发展趋势，指出北上深互联网大厂正在逐渐陷入停滞，中国大厂正在被加速甩开，原因在于中国经济的停滞和市场的饱和。网友 R1 发布的是有关字节跳动旗下一款海外 App 的推文，指出 TikTok 北京团队的一份文件能反映该应用的数学核心，以及该公司对人性的洞察。此文件也暴露了 TikTok 与中国母公司字节跳动的关系，以及与今日头条、快手、微博的竞争态势。

中国科技企业赴美国、赴中国香港的上市新闻也常引起海外网民关注与评价。中国科技公司的上市不仅是金融事件，经常也与国际政治有所关联。

网友 L2：据彭博社报道，中国正计划禁止公司以可变利益实体方式在外国股票市场上市。这是中国科技行业得以上市的重要途径。多年来大批中国科技公司通过此类架构实现海外上市，据报已在美国、中国香港上市的公司将需要进行调整，而未来来港上市需获审批。

网友T:【滴滴退市是中美关系重大指标　中国企业赴美募资的时代结束】原先中资企业受上市规定较宽松、可以摆脱中国金融监管机构的严格管控等诱因而进军美国股市，但在中美关系紧张，中国收紧控制之下，中国科技公司将不得不回归中国政府管控的证券交易市场。

网友L2关注中国对科技企业海外上市的政策，得知已在美国、中国香港上市的公司要进行调整，未来赴港上市则需要政府审批；网友T指出"滴滴退市"反映了中美关系的紧张，中国政策的收紧，"滴滴"要回归中国政府管控。

同时，一些国外科技企业，如苹果公司、脸谱网与中国的关系也常被讨论。

网友T1：蒂姆·库克（Tim Cook，现任苹果公司首席执行官）与中国政府签署一份2 750亿美元的秘密投资协议。以安抚可能阻碍其在中国的设备和服务的威胁。作为协议的一部分，苹果公司承诺将在其设备中使用更多来自中国供应商的组件，与中国软件公司签署协议，与中国大学进行技术合作，并直接投资中国科技公司。

网友X：在那次听证会上，脸谱网创始人先进行了道歉，随后为脸谱网辩护、和质疑的议员争论……脸谱网创始人还是另一副面孔，那时候他不断向中国民众示好。

网友 T1 认为苹果公司与中国政府签署了秘密协议；网友 X 则调侃脸谱网创始人向中国示好。

科技形象的另一个重要方面与中美之间的"科技冷战"密切相关。自 2018 年美国商务部发布公告宣称美国政府在未来 7 年内禁止中兴通讯股份有限公司向美国企业购买敏感产品开始，中美科技冷战就拉开了序幕。之后，华为技术有限公司、中国航天科工集团有限公司、中国电子科技集团有限公司等多家中国科技企业或机构也纷纷被制裁，并且后续数量仍在不断增长。美国对中国科技企业的制裁也被网民们写入推特。

> 网友 R1：【美国商务部宣布制裁 34 家中国企业机构】中美紧张关系下，美国商务部周四宣布，制裁 34 家中国科技企业及机构，其中包括中国军方旗下的 11 家研究机构。另外，名单中，全球最大商用无人机制造商深圳市大疆创新科技有限公司，及香港昌华电子科技有限公司亦上榜。
>
> 网友 L3：【美财政部将 8 家中国科技企业列入"投资黑名单"】此前，上述多家企业已被加入"实体清单"，美国公司在没有获得政府许可的情况下不能向这些中国科技企业出口美国的技术或产品。此次这些企业被列入"中国军工复合体企业名单"，也就是列入其所谓的"投资黑名单"。

网友 R1 和网友 L3 以新闻的方式发布推文，告知网友美国商务部和财务部分别对中国的 34 家科技企业和 8 家科技企业进行制裁，不向这些公司出口美国的技术或产品，这些推文被广泛转发。

与制裁相伴的通常是对中国科技企业在人权或隐私方面被抹黑、被诬陷。

网友 K：西方世界最大的新闻通讯社之一"路透社"，再次刊发了一则歪曲事实、造谣抹黑中国的新闻，说中国河南省警方采购了一个用来"监控"记者的人脸识别大数据系统。随后，这一报道被包括英国广播公司在内的诸多西方媒体转发，在境外的舆论场掀起了一波抹黑中国形象，甚至妖魔化中国科技和企业的攻势。

网友 S3：美国财政部星期四宣布把大疆等八家中国科技公司认定为中国军工综合体。

网友 C1：最新消息：美国指责中国科技公司和研究机构将生物技术武器化，创造"大脑控制武器"。

网友 K 指出路透社报道的中国河南省警方采购了用来"监控"记者的人脸识别大数据系统的新闻，被英国广播公司在内的许多西方媒体转发，在境外舆论场掀起了抹黑中国形象，"妖魔化"中国科技和企业的攻势。网友 S3 也指出美国财政部将深圳市大疆创新科技有限公司等八家中国科技公司认定为中国军工综合体。网友 C1 也指出美国指责中国科技公司和研究机构在创作"大脑控制武器"，将生物技术武器化。有的网民面对美国对中国的制裁和抹黑，看到了美国刻意打压的不公，对美国做法表达了质疑和讽刺。

网友 H1：现在的趋势就是全世界被动去全球化。美国正好亡羊补牢，即使使用伤敌一千自损八百的策略也完全可以接受。

网友 E：我当初也相信科技无国界，但是美国对中国科技公司一次又一次的用国家机器力量打压，这就很难让我相信下去了。

网友 P：美国科技发展，其他国家就开心？中国科技发展，其他国家就担忧？

网友 B：中国经济高速增长，美国就说中国增长有隐患；中国科技进步，就说中国窃取；中国老百姓齐心拥护党和政府的领导，就说中国老百姓活得不自我；中国基建做得好，就说铺张浪费；中国国防运用了各种新技术，就说这些技术违反物理规律。

网友 T2：美方的终极目的是阻碍或打断中国科技的快速发展步伐，通过捏造人权等问题，怂恿鼓动其盟友并在国际社会层面诋毁中国。

网友 H1 认为中国科技底层和基础比较薄弱，要靠美国来"亡羊补牢"；网友 E 指出美国对中国科技公司的多次打压让其已不再相信科技无国界；网友 P 用反问句表达了对中美科技发展所引起的其他国家不同态度的质疑；网友 B 用排比句式讽刺了美国用各种理由抹黑中国的经济增长、科技进步、基建、国防新技术等；网友 T2 则一针见血地指出美国的终极目的就是阻碍中国科技进步，捏造人权等问题鼓动盟友诋毁中国。

网民意识到美国政策背后的意图，认识到美国对中国企业发展的遏制，其发文展现了中国企业发展备受打压的形象。

第三节　国内外媒体建构的中国形象

媒体①作为信息传播的重要渠道，在国际舆论场中扮演着关键角色，理解和分析媒体建构的中国形象，对于优化国家形象的对外传播具有重要意义。国内外媒体建构的中国形象是多维度、动态的，既有对中国传统与现代结合的展现，也有对中国经济发展和社会进步的关注，还有对环境、人权等话题的深入探讨。与网民对中国形象的建构不同，媒体主要通过议程设置、有选择性的报道进行有意建构。

一、国外媒体建构的中国形象

在全球化背景下，一个国家的海外形象不仅由其实际行为决定，也受外界媒体如何报道和呈现该国的影响。国外媒体对中国的报道呈现复杂多样的特点，既有积极正面的内容，也有批评质疑的声音。

（一）政治方面：中国共产党领导体制的稳定和国际地位的提升

国外媒体在海外社交媒体上对中国政治的描述，通常关注其集中统一领导的特质和日益强大的国际地位。

---

① 本节基于受众面的广泛性和对受众的影响力而选取相关媒体的报道作为案例，探寻具有代表性的国内外媒体建构的中国形象。

国外媒体强调了中国共产党的领导角色和对国家政策的主导作用，并常常提到中国政策的长期规划和稳定性，暗示这种政策连贯性是中国快速发展的关键因素之一。如多维新闻网称："三十年后，中国共产党已然接过共产主义事业的大旗，在带领国民奋进的过程中，向世人展示着另一种政治社会发展的可能。"该媒体还将中国大陆与中国台湾地区进行了"陆强台弱"的对比：

> 多维新闻网：中国台湾社会渐无感于"中华民国"的名号被民进党政府"淡忘"……中国台湾内部深陷政治恶斗，辅以中国经济实力突飞猛进，内外交迫使得中国台湾地区的人危机感四溢。最足以见证台湾民间自信脆弱的一点，即是"台湾之光"一词在当时开始被四处张贴，不论是运动健将，还是面包师傅，又或者仅是一则台湾地区的厂商获得国际奖项或场合赛事肯定的事件，都足够在中国台湾内部获颁"台湾之光"的头衔。正是因为底气不足，才需要时刻为自己加油打气与壮胆……而在中国大陆方面，伴随中国崛起成为事实，大陆民间的自信与骄傲盆满钵满，充分表现在对内发展的信心与对外关系的底气上。

"陆强台弱"的对比彰显了中国共产党的政治领导能力，正是中国共产党带领民众不断向前奋进，实现了经济实力的"突飞猛进"，也增强了民众的自信和底气。

此外，国外媒体在海外社交媒体上还强调了中国国际地位的提升。这体现在国外媒体往往强调中国在国际事务中寻求合作而非冲突,坚持和平发展的态度和精神。国外媒体还经常报道中国在多边组织中的角色,如联合国、二十国集团(Group of 20, G20),与法国、俄罗斯、英国和美国 4 国共同承诺避免核战争等,凸显了中国在全球治理中的积极参与和贡献。国外媒体还会关注中国人权状况的改善,如扶贫工作的成就和社会保障体系建设的成绩。

中国在国际地位上的提升,还体现在面对国际造谣和人权民主问题时敢于针锋相对,予以正面回应:

> 俄罗斯卫星通讯社:中国外交部:若美方一意孤行推进所谓涉疆法案,中方必将作出坚决回应……中国外交部发言人赵立坚表示,强迫劳动的帽子非美国莫属,美国至今约有 50 万名从事农业劳作的童工;有 24 万—32.5 万名妇女和儿童遭到性奴役,每年被贩卖到美国,从事强迫劳动的人口数量多达 10 万。美方应正视并解决好自身严重的强迫劳动问题。我还要强调美国政府对印第安人才是实行了真正的"种族灭绝"。美国印第安人口数量从 15 世纪末的 500 万减至现在的 25 万,减少了 19 倍。时至今日,印第安人在美国政治、经济、文化、社会生活等领域处于边缘地位,遭受长期广泛系统性歧视。印第安人保留地面积仅占美国领土 2.3%。印第安人生存条件极差,一些保留地甚至被美国政府当成有毒或核废料的垃圾桶。仅以亚利桑那和新墨西哥两州交界的纳瓦霍族部落为例,该部落约 14% 的妇女和婴儿体内含有高浓度放射性物质……发言人对此指出,中方坚决反对美国国会借涉疆问题干涉中国内政,美国一些政客反复借涉疆问题造谣生事,这是打着人权旗号搞政治

操弄和经济霸凌，企图以疆制华，遏制中国发展，他们的险恶图谋绝不会得逞，只会让美国政府和国会在中国的信誉和形象进一步崩塌。

多维新闻网：奥利弗·斯通称："美国选出一位总统需要花费 140 亿美元，这算什么民主？"赵立坚表示赞成奥利弗·斯通的观点称："美式民主不就是金钱民主吗？"美式民主在国内是"欺骗民众"的"把戏"，在国外是推行霸权主义政策的工具。美国国会暴乱事件戳穿了美式民主的神话，阿富汗大溃败再次表明把美式民主强加给他国一事根本行不通。在中国外交部例行记者会上，有记者提问，哈佛大学肯尼迪学院发布一项针对 18—29 岁群体的民调显示，年轻人认为美国的民主已经陷入失败或困境，只有 7% 的受调研者认为美国是一个健康的民主国家。赵立坚表示，此前还有相关民调显示全球有 44% 的人认为美国是全球民主最大的威胁，81% 的美国民众认为美国民主面临来自国内的严重威胁，这再次说明失去民众支持的美式民主早已是无源之水、无本之木。

以上报道中，外交部发言人赵立坚用事实和具体数字作为论据，反对美国国会和一些政客的"涉疆"生事，以及指出美国的"虚假"民主不得民心，在背后强大祖国的支持下，其话语是硬气的，其态度是坚决的。

不可否认的是，也有部分国外媒体基于自身价值观和意识形态，根据自身所处的政治立场和态度，进行有选择的报道，将中国视为对手和威胁，运用标签化的方式建构中国形象，在国际层面渲染"中国威胁论""中国想称霸",用"集中营""集权""专制"等词抹黑中国的人权、环境等问题。如英国广播公司报道中国将会在必要时使用武力收复中国台湾地区;《印度斯坦时报》造谣称中国军队在中国西藏自治区战略性的春丕谷建立了由藏族青少年组成的新民兵,并对其进行思想灌输和军事训练;《环球邮报》报道了加拿大的间谍机构对中国的形象管理进行了研究,并指出中国的崛起是一种威胁。还有关于"新疆棉""中国香港问题""中国台湾问题"等方面的报道,刻意放大了部分细节,捏造了"不尊重人权""有威胁性"的中国形象。

由于意识形态对立、政治集团的操纵、对中国根深蒂固的偏见、媒体公司利益的驱动等,一些国家的媒体在推特上传播抹黑、污蔑中国的信息,贬低中国形象,加深了普通民众对中国的误解和偏见。因为大多普通民众并非身处中国,无法第一时间真实、全面地了解在中国发生的事件,有可能会接受媒体有选择的偏见性报道,从而形成对中国的刻板印象。

综上所述,国外媒体在社交媒体上建构的中国政治形象呈现出多元且复杂的特征。既有积极的一面,也不乏批评的声音。我们要全面理解中国在国际舞台上的形象,以及外界对中国政治发展的看法。为了避免负面的刻板印象长期存在,我们在对外传播时需要主动设置对中国形象有利的议题,主动引导网民客观全面地认知中国,而不是一直被动地回应对方的消极议题。

(二)经济方面:"一带一路"倡议对世界经济的重要影响

国外媒体在社交媒体上关于中国经济的传播涵盖了贸易、投资、制造、金融等多个方面，展示了中国作为全球第二大经济体的实力和潜力。国外媒体在社交媒体平台上传播中国拥有庞大的市场规模和日益增长的消费潜力；介绍中国自贸区建设、外资法规放宽等措施；关注中国从低端制作向高科技、高附加值产业转型的过程，以及中国企业在国际市场上的合作与竞争，如中国高铁、中国电信等的全球影响力，中国品牌的国际化及与其他国家品牌的竞争等。

《布拉格时报》（*Prague Chinese Times*）：乌克兰海滨城市敖德萨素有黑海明珠之称，尽管对这座城市的名字有些陌生，但已经有不少中国消费者在舌尖上感受过这座城市的滋味。无论是欧尚、大润发、盒马，还是在天猫超市，都能买到一款名为洛克莱葵花籽油的进口好货，而这个已走入寻常百姓家的商品，就来自敖德萨知名企业因特尔普莱斯。赶赴这场东方之约的参展商说，中国市场有着全球磁力，迷人魅力只增不减。（迎接八方来客）因特尔普莱斯先前报名参展首届中国国际进口博览会，没想到为企业发展一脚踩下油门，企业的参展回头率100%，订单接到"手软"。公司负责人伦艳透露，第四届进博会期间，公司还将带着洛克莱人造黄油等一批展品上新。

俄罗斯卫星通讯社：发展经济合作正在加强中国在阿拉伯世界的政治分量。中埃两国可能再创下新的贸易纪录。位于开罗的中国驻埃及大使馆经贸处提供的数据显示，中国和埃及的贸易额接近200亿美元的历史纪录……中国正将经济外交的成功转化为政治影响力的提升……中国将继续发展与中东和北非国家在传统经贸领域……中埃·泰达苏伊士经贸合作区是中埃合作的主要平台。第三季度，中国在埃及的直接投资为 2.23 亿美元，约合 14.2 亿元，同比增长 1.5 倍。中国的大部分重大投资集中在苏伊士运河经济区，这里有六个港口和四个工业区。

美国之音中文网：位于美国维吉尼亚州的威廉与玛丽学院全球研究所发布了一份长达 166 页有关中国在海外投资发展状况的分析报告。报告着重研究了中国自宣布开展"一带一路"之后的项目实施情况，涉及分布在 165 个国家，资金规模达 8 430 亿美元的 13 427 个项目。

《布拉格时报》的报道体现了中国的对外开放吸引了乌克兰海滨城市敖德萨知名企业因特尔普莱斯的参展，因特尔普莱斯也因此成为中国国际进口博览会的常客，其企业名下的洛克莱葵花籽油已进入中国寻常百姓家。俄罗斯卫星通讯社、美国之音中文网的报道则反映了中国与中东、北非，乃至全球国家的经济合作，中国和埃及的贸易额接近 200 亿美元，中国在埃及一个季度的直接投资达 2.23 亿美元（约合人民币 14.2 亿元）；美国威廉与玛丽学院全球研究所的统计更显示中国的投资国已遍布 165 个国家，资金规模和项目数量均十分可观。以上内容均展现了中国对外开放合作的力度之大，以及中国强大的经济实力，凸显了中国的世界性经济大国形象。

中国"一带一路"倡议对世界经济的重要影响是国外媒体关注中国的焦点之一。如全球深度报道网带领听众游历了"一带一路"

倡议涉及的国家，通过深度访谈等方式了解这些国家为何与中国合作修建铁路、港口，以及5G网络等。《南洋商报》连续报道了"一带一路"倡议在给东南亚国家带来基础设施便利的同时，也促进了相关国家经济的增长；马来西亚是最早支持"一带一路"倡议的国家之一，该国4任首相、社会各阶层和"一带一路研究中心"对"一带一路"倡议给予了认可和支持，中国愿与该国高质量共建"一带一路"，"深化双方在疫苗、经贸、投资、文旅、教育等各领域务实合作"：

《南洋商报》（eNanyang）：① 中国老挝高铁路线（中老昆万铁路），终于通车。这标志着中国"一带一路"为老挝的国家人民带来的不但是出行的便捷，更是为振兴经济，国家发展注入一股巨大的能量。② 中国与老挝正式开通跨境铁路服务。中国"一带一路"倡议又跨出一大步，东南亚其他国家一方面担心中国政治势力扩张，另一方面也觊觎便捷交通所带来的富裕经济增长。③【灼见找准契合点，中马可高质量沟通】"一带一路"倡议提出伊始，马来西亚就成为最早的支持这一倡议的国家之一。曾经的共同耕耘，使得"一带一路"倡议在马来西亚社会各阶层中很快提高了知名度。④ 马来西亚对于中国的"一带一路"倡议，始终坚定不移地力挺到底。⑤ 马来西亚"一带一路"研究中心对时任首相伊斯迈尔·沙必里义无反顾地向新加坡时任总理李显龙提出重启隆新高铁工程的建议给予高度赞誉。⑥ 中国驻马来西亚大使欧阳玉靖说，中方愿与马方齐心协力，推进高质量共建"一带一路"，深化双方在疫苗、经贸、投资、文旅、教育等各领域务实合作。

关于"一带一路"倡议的具体落实,《泰晤士报》报道了在拜登政府试图说服拉美国家远离中国政府之际,古巴与中国签署了一项"能源合作协议";路透社非洲分社则报道了中国已向非洲国家的基础设施建设提供"数千亿美元的贷款";《印度人报》报道了中国在老挝开通了"价值数十亿美元"的首趟跨境列车,"列车最高运行速度为每小时 160 千米,从昆明到万象大约只需要 10 个小时";《新阿拉伯人报》报道了中国在过去 10 年中扩大了在中东、亚洲和非洲等地的全球经济足迹范围,并表明中国在中东地区的经济影响力也助力了当地阿萨德政权的正常化:

  The Times: Cuba has signed up to an energy cooperation pact with China as part of the latter country's Belt and Road initiative. The announcement comes as the Biden administration attempts to convince countries in Latin America to turn away from Beijing. (《泰晤士报》:古巴与中国签署了一项能源合作协议,作为中国"一带一路"倡议的一部分。这项协议的宣布正值拜登政府试图说服拉美国家远离中国政府之际。)

  Reuters Africa: "China has lent African countries hundreds of billions of dollars as part of President Xi Jinping's Belt and Road Initiative which envisaged Chinese institutions financing the bulk of the infrastructure in mainly developing nations."(路透社非洲分社:作为习近平主席提出的"一带一路"倡议的一部分,中国

已向非洲国家提供了数千亿美元的贷款。"一带一路"倡议设想由中国为主要发展中国家的大部分基础设施建设提供资金。)

The Hindu: China launched the first cross-border train of its multi-billion-dollar Belt and Road Initiative from Laos, which Beijing says will help the small and only landlocked country in South East Asia turn into a land-linked hub and boost regional connectivity. With a maximum operating speed of 160-km per hour, the travel time from Kunming to Vientiane takes about 10 hours. (《印度人报》：中国在老挝开通了价值数十亿美元的"一带一路"倡议的首趟跨境列车，中国政府称，这将有助于这个东南亚唯一的内陆小国成为陆路枢纽，并促进区域互联互通。列车最高运行速度为每小时 160 千米，从中国昆明到老挝万象大约只需要 10 个小时。)

The New Arab: Over the last decade, China has sought to expand its global economic footprint through its so-called Belt and Road Initiative in the Middle East, Asia, and Africa... China's expanding economic influence in the Middle East could provide a boost to regional actors seeking to normalize Assad's regime. (《新阿拉伯人报》：在过去十年中，中国通过"一带一路"倡议努力扩大其在中东、亚洲和非洲等地的全球经济足迹……中国在中东地区不断扩大的经济影响力可能会为寻求阿萨德政权正常化的区域行动者提供助力。)

以上表明，"一带一路"倡议作为中国对外开放的重要政策，被国外媒体广泛报道,对全球经济合作具有推动作用,也显现了中国一定的政治影响力。如此影响引起了美国及全球部分媒体对我国在国际上的经济地位可能导致的国际上政治地位变动的担忧,美国要在经济上制裁和打压我国,部分媒体则散布"中国威胁论"。

自2018年特朗普发动贸易战后,双方掀起了一轮又一轮的中美贸易争端,国外部分媒体对中国"一带一路"倡议进行了批评,他们忽略"一带一路"倡议带来的良好效果,忽视相关国家对"一带一路"倡议的好评,而将"一带一路"倡议称作"陷阱",将"一带一路"倡议描述为我国"称霸""殖民"的手段。如自由亚洲电台利用哈佛商学院一位副教授的言论,将"一带一路"倡议政治化,认为它会冲击部分民主国家内政。

"一带一路"倡议在全世界拥有的广泛影响力,引起了西方国家的警惕,他们将我国的"一带一路"倡议视为威胁,为了应对中国的"一带一路"倡议,欧盟、美国、英国等国也提出了相似的倡议:

自由亚洲电台:欧洲联盟(EU)公布"全球门户"(Global Gateway)计划,以对抗中国的"一带一路"倡议。

《联合日报》(*We Are United*):欧盟拟推全球基建计划抗衡"一带一路"。

阿波罗网:①欧盟斥资460亿美元发展基建,对抗"一带一路"。②欧盟筹资3 000亿欧元!德国媒体报道,为抗衡中国的"一带一路",欧盟计划筹资3 000亿欧元,在发展中国家投资基础建设，目标是在与中国的制度之争中取得优势。

美国之音中文网：①欧盟提出3千亿欧元的"全球门户"计划，以"高透明度和良好管治"抗衡中国"一带一路"。②美国官员出访南美计划开展项目与"一带一路"倡议展开竞争？美国官员前往哥伦比亚、厄瓜多尔和巴拿马考察基础设施项目，"以便更好地了解这些国家和周边地区的基础设施需求"。外界广泛认为此次行程旨在与中国耗资数万亿美元打造的"一带一路"倡议相抗衡。有关人士分析，美国与拉丁美洲之间有着文化、经济、国土安全和国防等多方面的联系，中国在拉丁美洲的投资也在许多方面威胁到了美国。

DW中文-德国之声：美版"一带一路"倡议要来了吗？有美国高阶官员将启动"重建更好世界"倡议，帮助发展中国家进行基础设施建设。而欧盟、英国也各自推出了类似的倡议。

路透社：一名美国政府高级官员周一表示，美国会在世界各地投资多达10个大型基础设施项目，作为七国集团（G7）对抗中国。

RFI华语-法国国际广播电台：拜登在拉丁美洲开展项目抗衡"一带一路"。

自由亚洲电台、《联合日报》、阿波罗网、美国之音中文网报道了欧盟公布"全球门户"计划，斥巨资投资发展中国家基础建设，以对抗中国的"一带一路"倡议。DW中文-德国之声、美国之音中文网、路透社、RFI华语-法国国际广播电台报道了美国政府官员出访拉丁美洲考察基础设施项目，在世界各地投资10个大型基础设施项目以对抗中国的"一带一路"倡议。

看来，我国如何利用社交媒体多方位传播"一带一路"倡议的正面目的，发挥其积极效应，引导国际舆论走向正面，是当前和未来我国国际传播的重要议题。

（三）科技和文化方面：重视科技创新和知识产权，关注多元中国文化

在科技和文化方面，国外媒体在社交媒体平台上建构的中国形象是复杂的、多维度的，既展示了中国在科技领域的进步，也凸显了中国丰富的文化遗产和现代文化创新。但不可忽视的是，国外媒体也存在信息筛选、文化差异和意识形态偏见的情况。

从科技角度来说，我国近年来特别强调要提高科技创新能力，并在全球范围展示了我们的科技成就。因而在社交媒体上，特别是推特平台，中国的科技形象也成为公众讨论的热点。国外媒体在社交媒体上常常强调中国在科技和创新领域的迅速发展，如在数据技术、人工智能、移动支付、电动汽车等领域的领先地位，以及对数字丝绸、科技公司的国际化和全球化、知识产权的关注。

《外交学者》(*The Diplomat*)：比"一带一路"倡议更令人印象深刻、更雄心勃勃的是，中国一直在打造一个全球数据技术帝国。

《联合早报》(*Lianhe Zaobao*)：①"那些对中国持批评态度的悲观学者认为，中国迄今为止并没有发展出本土的科技公司，对西方技术的依赖才是中国成功的关键。而乐观派则把中

国科技公司的国际崛起，看成其技术学习能力快速积累的结果，作为后来者，中国是学习的高手。"从中国底层崛起的出海互联网公司可谓不计其数，更重要的是，他们在欧美和南亚地区市场的影响力俱增。② 中国科技"巨头"华为昨天发出一份其创始人任正非的内部讲话，他称华为要招募一些会使"洋枪洋炮"的"高鼻子"外国人才，走向国际化。

美国之音中文网：① 北京力推数字丝绸之路：中国国家主席习近平以视频方式在联合国全球可持续交通大会开幕式上说，中国将继续推进高质量共建"一带一路"，同时加快建设绿色丝绸之路和数字丝绸之路。中国领导人正试图在全球推广"一带一路"的科技版"数字丝绸之路"，希望在技术领域延续中国在发展中国家参与兴建传统基础设施建设的优势。② 习近平总书记下达打专利仗国策，中国公司起诉外国科技企业愈发主动。中国最高领导层已将知识产权视为中国科技竞争实力的一个关键战略因素，在政策指引和官方授意下，中国科技企业借助国内外对其有利的司法环境，在与外国竞争对手的诉讼中愈发主动。

加拿大新闻网：孟晚舟优雅回到工作岗位，员工高喊"女神"。如果用最普遍的标准来看，孟晚舟或许真的不能被称作时髦，她的穿衣从款式到配色，无不是简洁的基础色、基本款，连装饰元素都很少用，可我们依然能感受到她是有自己的时尚观的。作为华为缺席已久的首席财务官（CFO），孟晚舟一出场就受到了现场员工的热烈欢迎，更有员工高喊女神来表达自己的激动心情。

由上可知,《外交学者》报道了中国在打造"全球数据技术"之国,认为此举比"一带一路"倡议更令人印象深刻、更显得雄心勃勃。《联合早报》注意到了从中国底层崛起的互联网公司"出海"现象,并称他们在欧美和南亚市场的影响力日益增大,该报也留意到了中国华为技术有限公司对国际人才的招募。美国之音中文网报道了中国已将知识产权视为科技实力竞争的关键战略因素,中国科技企业起诉外国科技企业时愈发主动。加拿大新闻网则报道了孟晚舟历经1028天的异国他乡生活后顺利回归工作岗位时的场景,"优雅""时尚""女神"是对她的赞美,"热烈"和"激动"显示了员工对她的喜爱和拥护。她的顺利回归来源于她个人维权的勇敢和坚韧,也离不开其背后强大祖国的支撑。

关于科技的话题内容,还常与中国的政治形象交织在一起,形成综合复杂的国家形象。一些国家既希望与我国进行科技合作,同时担心中国不断变得强大,反而制衡打压自己,使得个别国外媒体有时会发表一些对中国形象不利的言论。

    美国之音中文网:① 美国财政部认定大疆等八家科技公司为中国军工综合体。美国财政部星期四宣布把大疆等八家中国科技公司认定为中国军工综合体。华盛顿指控这八家实体"积极支持以生物识别技术监控和追踪中国的少数民族和宗教少数群体,特别是中国新疆地区以穆斯林为主的维吾尔族人"。② 美国三家大型零售商下架了中国科技监控制造商海康威视和大华旗下的产品,原因是这两家中国厂商参与向中国政府提供监控技术,侵犯了在中国新疆地区的维吾尔族和其他少数民族的人权。

阿波罗网：美两大零售巨头停售中国监视器：根据美国科技新闻媒体 TechCrunch，家得宝公司（Home Depot）和百思买公司（Best Buy）已将涉及侵害人权的中国科技监控制造商的产品下架。

由上可知，美国之音中文网报道了美国指控大疆等八家科技公司监控中国少数民族和宗教少数群体，故将八家科技公司认定为中国军工综合体；此外，该网还报道了美国的三大零售商下架了中国海康威视和大华旗下的监控产品，原因在于美国认为其侵犯了人权。阿波罗网也报道美国的两大零售巨头家得宝公司和百思买公司以同样理由下架了中国科技监控制造商的产品。

从文化角度来说，国外媒体既有对中国传统文化的展示，如春节、中秋节等中国传统节日文化，以及故宫、长城、秦始皇陵等历史遗迹和经典建筑；还有书法、京剧、刺绣等中国传统艺术和手工艺的展示；对诸如《红高粱》《三体》等当代电影和文学作品的介绍；对一些流行音乐文化的传播；对诸如茶艺、剪纸、中华武术等非物质文化遗产的传承等。这些促进了海外受众对中国文化独特魅力的理解和认同，也促进了中外文化交流，引起了网民关于"如何在快速现代化进程中继承和发展中华优秀传统文化"问题的思考。

此外，美国广播公司和朝鲜新闻网报道张艺谋导演的奥运会开幕式体现了中国世界地位的上升，也彰显了日益强大的中国形象。海外媒体中也有许多关于"中国文化年""中华文化大乐园"的中外文化交流、中外文化国际合作与展览、电视剧的对外输出、文化名人等方面的信息：

《柬中时报》：王文天大使表示，中柬是好邻居、好伙伴、好朋友、好兄弟。由两国老一辈领导人共同缔造和精心培育的中柬友谊历久弥坚。当前，中柬关系呈现积极发展势头，政治互信不断加强，经济合作成果丰硕，人文交流更加密切。王文天表示，许多人把形似一艘巨轮的国家体育场形容为中柬友谊之船，这艘船正满载着中国人民对柬埔寨人民的友好情谊，在历史长河中扬帆远航，劈波斩浪，驶向中柬世代友好的美好未来。中国北京举办的冬季奥运会，是全球冬奥运动员和冰雪运动爱好者的盛会。届时，柬埔寨也会派出运动员参赛。当前，北京冬奥会筹备工作已进入倒计时冲刺阶段，包括国际奥委会在内的国际社会高度认可中国的筹办工作，各国运动员热切期待来华参赛。我们相信，在奥林匹克精神指引下，在各方共同努力下，北京一定能为世界呈现一届简约、安全、精彩的奥运盛会。

伊朗国家通讯社中文网：中国电视剧在伊朗实现破冰。译制成波斯语版本的中国电视剧《在一起》在伊朗国家电视台播出，成为首部获版权方授权在伊朗上映的中国电视剧。弘扬中医文化的电视剧《女医·明妃传》也在伊朗国家电视台开始播放。扶贫题材电视剧《山海情》等剧目也已授权给伊方，有望在翻译完成后在伊朗播出。

海湾资讯周刊网：迪拜世博会中国馆四川活动将开幕……中国成都和阿联酋迪拜同时启幕……四川活动以"合作创新

天府机遇"为主题，采取境内境外、园区内外、线上线下融合的方式，举办开幕式、世博耀巴蜀·川渝优势产业展、四川文化旅游周、童心向世博儿童画评展等活动，通过世博平台展示四川形象、讲述四川故事、彰显四川魅力、打造四川名片。其中，开幕式将开展四川特色文艺表演、著名景点连线、产业和城市推介等，向世界立体全面生动地展示丰富多彩的四川、不一样的四川。

星洲网（Sin Chew Daily）（新闻发布）：① 中国特种邮票在上海发售，由著名画家冯大中先生创作，两枚邮票分别为：国运昌隆、虎蕴吉祥……中国生肖邮票第四轮中的第七套，并延续第四轮生肖邮票的设计理念，诠释"国"与"家"的概念。邮票一套两枚，第一枚邮票名为国运昌隆，描绘了一只气宇轩昂的上山虎形象，矗立远眺、志存高远，传达出国家蒸蒸日上、雄心壮志的含义；第二枚邮票名为虎蕴吉祥，描绘了面容温婉的虎妈妈带着两只小虎的温馨场景，寓意儿孙兴旺、家庭美满。② 周杰伦潮牌首推限量非同质化代币（NFT）秒杀狂卖。在周杰伦的明星光环加持下，平台刚开卖就涌入大批买家，网站一度卡关，约40分钟已经全部售罄。

由上观之，《柬中时报》表达了柬中人文交流密切的睦邻友好关系，并表示了对北京冬奥会的支持和信心。伊朗国家通讯社中文网报道了中国电视剧《在一起》和弘扬中医文化的电视剧《女医·明妃传》已在伊朗国家电视台播出，扶贫题材电视剧《山海情》也已授权给伊朗。中国电视剧输出的是中国的文化和民族精神,能够引起海外民众对中国文化的认同。海湾资讯周刊网报道的迪拜世博会中国馆四川活动,显示了中国四川和阿联酋迪拜共同合作,同时启动开幕式,通过"世博平台展示四川形象、讲述四川故事、彰显四川魅力、打造四川名片",采取"境内境外、园区内外、线上线下"相融合的方式向世界"立体全面生动地展示丰富多彩的四川、不一样的四川",地域文化是中国国家文化的一部分,能体现中国文化的特色,彰显中国的文化自信。星洲网介绍了中国第四轮第七套的特种生肖邮票,两枚邮票上虽然都是老虎,但老虎的形象和意涵不同,第一枚是上山虎,寓意"国家蒸蒸日上、雄心壮志",第二枚为虎妈妈和两只小虎,寓意"儿孙兴旺、家庭美满",合起来则是"国""家",象征中国向上发展,人民安居乐业。星洲网还报道了周杰伦的明星效应使得限量产品被秒杀。

当然,我国娱乐明星的负面性也被国外媒体报道,尤其是在东南亚地区比较有名的明星。媒体在明星的国民身份和形象坍塌上做文章。例如,星洲网持续跟踪报道了王力宏和李靓蕾的"离婚大战":

> 星洲网:李靓蕾再次发文爆料,并对王力宏提出5大提问……形象彻底毁灭……关于最近攻击李靓蕾的相关文章,王力宏除了后悔让出豪宅,不满形象、演艺事业毁于一旦,也看到了一线生机:首先是他并没有被中国列为劣迹艺人,其次就是一些艺人"由黑翻红",不禁让王力宏的团队士气大振。

媒体揭露了不少明星的私生活,对他们的许多次报道产生了连续的负面效应。针对中国明星艺人的"违法失德"现象，路透社引用中共中央纪委国家监委的评论，强调要从严追究，提倡文艺工作者要"真正把个人的道德修养、社会形象与作品的社会效果统一起来。"

> 路透社：中共中央纪委国家监委评论称，严把明星艺人内容导向，加强正面引导，建立负面清单，违法失德必究、没有任何例外……"文艺是铸造灵魂的工程"，评论称，作为文艺工作者，必须把握好艺术与德……以纯粹的职业操守从艺，真正把个人的道德修养、社会形象与作品的社会效果统一起来。

总的来说，国外媒体在社交媒体上建构的中国形象，在政治经济层面体现了意识形态色彩，科技层面次之，文化层面更次之，这体现了文化作为国际"软实力"的魅力，也说明跨文化传播大有作为，在文化上建构积极的中国形象更容易令海外受众产生认同。

二、国内媒体建构的中国形象

中国媒体与网民一样，也积极在国际社会上发出自己的声音。媒体肩负着对外传播的社会责任，在国家经济实力和影响力不断拓展的时代背景下，对于重塑国家形象和重构国际话语秩序有着重要作用。[①]

《人民日报》海外舆情中心和北京大学国家战略研究院对400

---

① 许向东、邓鹏卓：《新媒体环境下主流媒体的社会责任》，http://media.people.com.cn/n1/2019/0227/c425664-30905195.html，2019年2月27日。

多家海外华文媒体进行了梳理,联合发布了《2018海外华文媒体影响力报告》,发现近一半的华文媒体在脸谱网上注册了账号,推特注册账号近1/4(见表4)。海外华文媒体呈现四个特征:一是东南亚、中国港澳台地区华文媒体账号运营成效突出;二是发文多立足当地,具备全球视野,关注中国;三是部分活跃账号用英文传播,利于当地民众接受;四是与国家级媒体积极互动,转发权威声音,积极传播中国故事。[1]

表4 中国部分主流媒体入驻社交媒体的时间及粉丝量

媒体名称	推特入驻时间	推特粉丝量	脸谱网入驻时间	脸谱网粉丝量
《人民日报》	2011年5月	77.6万人	2011年5月	40.6万人
新华社	2012年2月	123.1万人	2013年12月	4 740万人
中国国际电视台	2013年1月	133.8万人	2016年12月	277万人
央视网	2009年7月	101.9万人	2014年1月	142万人

(数据统计截至2022年4月5日)

从表4中的数据可以看出中国媒体"走出去"已经有一段时间,粉丝量已经有了一定积累,有利于中国故事的对外传播,在国家形象的塑造中起到了一定的作用。外交部是我国对外发声的重要窗口,外交部发言人华春莹、赵立坚等纷纷入驻推特平台,也以个

---

[1] 一网荷兰:《重磅发布丨2018海外华文新媒体影响力报告》,https://www.sohu.com/a/233369156_291951,2018年5月30日。

人之声代表中国的立场发出了多元的声音。

我国媒体积极探索"讲好中国故事"的路径,通过多种方式、多个平台讲述中国故事,积极发出中国声音。首先为自己正名,避免民众对中国的政治和政策产生曲解和误读;其次是加深对中国的理解,中国的媒体只有深刻地理解中国文化,才能够更好地将其传播出去。

国内媒体在推特上以传播正面信息为主,致力于提高海外民众对我国的认知度和好感度。

(一)政治方面:走向强盛,坚守底线,负责任大国形象

推特上的国内媒体在领土主权、内政等底线问题上与污蔑、抹黑中国的言论针锋相对、据理力争,同时通过展示"一带一路"倡议、奥运会等事件强调中国对世界的贡献,树立中国负责任的大国形象。

2022 北京冬奥会是举世瞩目的体育盛事,如期、顺利举办,对于国际社会来说,其意义早已超越冰雪运动本身,激荡出一股砥砺前行、团结一致的强大力量;对于我国来说,这是自 2008 年北京奥运会之后时隔 14 年再次向世界全方位展示我国形象的重大机遇,并且与 2008 年相比,我国经过不断发展,变得更加自信、从容。

中国新闻网:总导演张艺谋表示,2022 年北京冬奥会开幕式将具有历史意义。

华夏经纬网:回首过往,从夏天欢庆申办北京冬奥会成功的那一刻起,中国倒排工期、只争朝夕。体育发展是国家强盛

的一个标识,是强大民族凝聚力的一个象征。从先前的"奥运三问"到今天的"双奥之城",习近平总书记在考察时有感而发,认为这是变局的一个缩影。成功举办北京冬奥会、冬残奥会,不仅可以增强实现民族伟大复兴的信心,也给世界展现了阳光、富强、开放、充满希望的国家形象。

中国新闻网指出,开幕式总导演张艺谋认为2022年北京冬奥会开幕式将具有历史意义。华夏经纬网指出,体育是国家强盛的标识,是民族凝聚力的象征。北京成功举办冬奥会,增强了民族伟大复兴的信心,也展现了阳光、富强、开放、充满希望的国家形象。

但也存在一些国家"唯恐天下不乱"[①],在我国内政问题上一直"煽风点火"。国内媒体则对这些干涉、挑拨、抹黑、污蔑不断发声进行反击。

中国军网转发央视新闻:随着北京冬奥会日益临近,国际社会对中国和奥运的关注也显著升温……美方一再为立方(立陶宛)制造"一中一台"的错误言行帮腔,试图拼凑纵容"台独"势力的小圈子,这进一步暴露了美方"以台制华"的图谋,只会破坏美国自身国际形象,最终将搬起石头砸自己的脚。

中华网:中国外交部发言人赵立坚在例行记者会上回应相关问询时表示,我们注意到有关声明,希望有关企业能够尊重

---

① 李易、姜洁:《美防长称中国在南海活动威胁他国 外交部:美方唯恐天下不乱》,http://usa.people.com.cn/n1/2019/1119/c241376-31463538.html,2019年11月19日。

事实，明辨是非。赵立坚说，我们已经多次强调有关中国新疆地区强迫劳动等说法，完全是美国反华势力炮制的谎言，目的是抹黑中国形象，破坏新疆稳定，阻遏中国发展。新疆的民众勤劳勇敢，新疆的产品质量优良，个别企业如果选择不用，也是他们的损失。

台海网：该法案凭空捏造所谓中国新疆地区"强迫劳动"问题，打着"人权"幌子滥施"长臂管辖"，粗暴干涉中国内政，充分暴露其"以疆制华"、遏制中国发展的险恶用心……美方大肆炒作涉疆问题，与美方在意识形态、涉台、涉港、涉藏等问题上的诋毁攻击一起形成"组合拳"，目的都是抹黑中国形象、干涉中国内政、遏制中国发展。

中国军网指出美国"以台制华"的图谋，只会破坏美国自身国际形象，最终将搬起石头砸自己的脚。中华网引用外交部发言人赵立坚在例行记者会上驳斥了海外媒体捏造的有关我国新疆"强迫劳动"等假消息。台海网指出美国的"涉疆方案"与美国在意识形态、涉台、涉港、涉藏等问题上的诋毁攻击一样，目的就是抹黑中国形象、干涉中国内政、遏制中国发展。

面对海外政要、媒体等对我国的攻击和抹黑，我国媒体担起了维护、塑造我国正面形象的责任，及时澄清、有力回击，正面揭露了某些国家的行为本质。

（二）经济方面：合作互惠，促进全球经济发展的国家形象

经济方面仍主要围绕我国"一带一路"倡议展开，国内媒体的

相关报道主要是突出"一带一路"为相关国家带来的帮助和效果。

CGTN：Wang Yi：BRI is a road of hope, development, opportunity and a green road. Chinese State Councilor and Foreign Minister Wang Yi stressed on Friday that the Belt and Road Initiative (BRI) China proposed is a joint cause of all partners. (中国国际电视台：王毅："一带一路"是希望之路、发展之路、机遇之路、绿色之路。中国国务委员兼外交部长王毅周五强调，中国提出的"一带一路"倡议是所有伙伴的共同事业。)

深圳新闻网："一带一路"倡议……中国的文明互鉴提供良好契机，也将使双方人民从中更多受益。一些西方媒体歪曲、抹黑中国的形象，企图让阿拉伯国家民众看不到真实的中国，从而疏远中国和"一带一路"倡议。

China Xinhua News：The Sino-Africa architecture of development, featured by the Forum on China-Africa Cooperation and the Belt and Road Initiative, lead to prosperity in the African continent, a Kenyan expert says. (新华网：一位肯尼亚籍专家说，以中非合作论坛和"一带一路"倡议为特色的中非发展架构，会引领非洲大陆走向繁荣。)

CGTN Africa：The Belt and Road Initiative (BRI), proposed by China eight years ago, is transforming Kenya's development space in a profound way, said a report released Wednesday. (中国国际电视台非洲分台：周三发布的一份报告称，中国八年前提出的"一带一路"倡议正在深刻地改变肯尼亚的发展空间。)

中国产业经济信息网：在"2021·中国企业全球形象高峰论坛"上，中国外文局发布《中国企业形象全球调查报告2021》。这份包括俄罗斯、意大利、巴西、南非、泰国、美国等12个国家，6 000份样本的报告，展示了中国企业的最新国际形象。近七成受访者认为中国企业在推进科技创新和绿色进步上发挥引领作用；一半受访者认为共建"一带一路"的成效超出预期。

中国国际电视台引用外交部部长王毅的话，向世界说明我国的"一带一路"并非为自己谋私利，而是所有伙伴的共同事业；深圳新闻网也指出"一带一路"会使双方人民受益，并指出部分西方媒体对中国的抹黑，实质是想让阿拉伯国家疏远中国；新华网引用肯尼亚籍专家的话，说明"一带一路"会给非洲带来繁荣；中国国际电视台非洲分台则用报告显示"一带一路"倡议正深刻地改变肯尼亚的发展；中国产业经济信息网通过权威报告，表明了海外民众认可中国企业在科技创新和绿色进步的作用，也赞扬"一带一路"的成效已超出预期。

综上，国内媒体通过外交部长、专家、权威报告等证词报道了中国为"一带一路"共建国家带来的实质性成效，建构了一个合作互惠，促进全球经济发展的中国国家形象。

（三）文化和社会方面：传承优秀传统文化、展现当代文化，突出社会真善美，提升软实力的国家形象

国内媒体在推特上注重传承中华民族优秀传统文化及非物质文

化遗产。一是向海外民众展示我国的文化特色和文化瑰宝，提升其对我国文化的认知度和我国文化的影响力；二是唤起海外华侨华人的回忆，增进其归属感和认同感。

华夏经纬网：藏族格萨尔彩绘石刻属于中国藏族格萨尔文化的一种遗存，主要分布在四川省甘孜藏族自治州色达、石渠、丹巴三县境内……此处石刻的部分由普吾村著名高僧阿亚喇嘛发起组织刻绘，它规模宏大，气势雄伟，刀法精细，取材考究，表现了岭格萨尔王及岭国三十员大将、八十位将士的前世，石刻中还有天竺八十大成就者和百位文武尊神的形象。

中国侨网："特色非遗在吉林校园生根：学生在课堂触摸艺术之美。"捏雕是一门非常古老的传统技艺，主要用手工将柔软的泥料捏塑成各种形象，可独立制作成物件，也可粘于器皿适当部位，极好地发挥了材质自然美。吉林省吉林市有着"中国北方陶都"的美名，出产的黏土具有塑性好、耐热等特点，深受海内外客户欢迎。

大公网：多样性与文明进程的关系在东方视野里，在历史的长河里以诸多的方式呈现，在这个视野里——当世界遇见中国……而到清代，一种中国特有的艺术品种——通草画，作为一个非常特殊的艺术类型的贸易品，也向外界传播着关于中国的形象，我们甚至可以发现在18、19世纪欧洲的各种书籍、版画上的形象，其很多的母本都来自通草画。

华夏经纬网介绍了藏族格萨尔彩绘石刻的分布地点、刻绘者及其刀法，以及反映的具体人物形象；中国侨网介绍了深受海内外客户欢迎的吉林非物质文化遗产——捏雕；大公网则指出艺术品通草画对传播中国形象起着重要的作用。

除了传播优秀的传统文化，国内媒体在推特上还会推介中国当代文化，促进文化交流和融合。

> 央广网：中国话剧自诞生起，就与世界戏剧思潮保有文化上的对应联系，中国戏剧人引进源自西方的戏剧，进行了创造性转化，实现了创新性发展……在赴德演出之前，剧作家曹禺、主演于是之颇有顾虑，因为《茶馆》除了稍有变化的布景和基本的戏剧行动，戏剧效果几乎都体现在形象上、台词中。
>
> 南海网:《跨过鸭绿江》全景式再现抗美援朝情景，该片是一部全景式展现抗美援朝战争的重大革命历史题材史诗巨献……影片在故事走向、历史事件、领袖人物和相关的重要形象上均遵循尊重历史的创作原则，同时力求达到历史真实和艺术真实的平衡与交融，有温度、有亮度、有浓度地传递家国情怀。
>
> 中华网：潮汕方言贺岁喜剧《带你去见我妈》定档，围炉象征着一家人团团圆圆，同时，也侧面体现了潮汕母亲爱家、爱孩子、一辈子都在为家付出的形象……电影所使用的潮汕方言，也是中国最古老的方言之一，其中主要人物所讲的潮阳方言，更是被称为"中国古汉语的活化石"。
>
> 中国侨网：视频博主张踩铃：幽默视角下的东西文化融合。据欧洲时报网报道，她是在中国短视频界的红人，其抖音平台

上的粉丝量已接近 600 万……张踩铃说，视频作品像一扇打开世界的窗口，每一个鲜活具体的人物形象都有能力打破许多刻板印象，视频博主也有责任促进这种和谐与文明。

中国当代影视作品是传播我国文化及价值观的重要载体，承担着塑造和表达国家形象的使命。央广网指出话剧《茶馆》的戏剧效果体现在形象上、台词中，赴德演出，能让世界感受中国话剧的魅力。南海网指出《跨过鸭绿江》是历史真实和艺术真实的平衡与交融，能传递家国情怀。中华网报道的潮汕方言贺岁喜剧《带你去见我妈》体现了普通家庭的日常生活状况，虽平淡但温馨。中国侨网介绍了促进文化融合的短视频博主张踩铃，赞扬了她打破刻板印象，促进和谐与文明的责任担当意识。

在社会方面，国内媒体突出展现"真善美"事迹，表现中国人民善良、热情、无私奉献等品质，增进了海外网民与中国民众的友谊。

> 南海网：《新时代最可爱的人——央企英模大纪实》一书出版发行。该书通过"讲故事"的形式，书写了典型的央企英模的先进事迹，展现了他们爱党爱国、无私奉献、鞠躬尽瘁的光辉形象……在这些故事中，有蜚声遐迩、功业彪炳的典型模范：被誉为中国的"卫星之父"和"两弹一星"元勋、荣获"共和国勋章"的孙家栋……
>
> 椰视频：海南省海口市城西派出所民警陈家振：与留学生用英语交流的视频让他走红网络，他也牵头组建"外管工作"

微信群。这个视频后来被中华人民共和国公安部、中国警察网等官方新媒体账号点评和转发，获得许多网友的围观和点赞，陈家振也因此被同事们戏称为派出所的"网红民警"。"此事之后，我更加坚定了加强学习英语的决心。因为我深知，身着警服的我代表的不仅是我个人，更代表着海南自由贸易港公安机关的形象。"陈家振表示。陈家振深知，想要切实做好外籍人员住宿登记和动态管理工作，单靠一个人的力量是绝对不够的。

南海网：海南省录制《敬礼·警旗》2024年中国人民警察节海南特别节目，多形式讲述民警先进事迹。海南省公安厅在海南广播电视总台举办《敬礼·警旗》中国人民警察节海南特别节目……分别以"保安全""防风险""促发展"三个篇章传播了我国人民警察的光辉形象。

央广网：助力北京冬奥会，河北省张家口市城市志愿者服务站正式亮相，为志愿者提供御寒"暖屋"。正式上岗后，志愿者们将开展信息咨询、文明引导、文化推介等工作，传播中国声音，讲好中国故事，展现中国志愿力量。

南海网、椰视频、央广网分别通过展现央企英模的光荣事迹，地方民警对外籍人员的住宿登记、动态管理和在"保安全""防风险""促发展"中的先进事迹，以及北京冬奥会城市志愿者的服务，表现了基层工作人员及普通人平凡举动中的真善美和实干奉献精神，有助于提升海外民众对中国的好感度，增强中国的国家软实力。

总体说来，中国在国际舞台上的形象正在逐步改善，国内媒体

在海外社交媒体上建构的中国形象是积极的,他们通过创新的节目形式、多渠道传播和多语种的信息发布,树立真实、立体的国家形象,增强世界人民对中国的沟通与理解。然而,针对不同文化背景和价值观的海外受众,如何更好地适应他们的接受习惯,还需要进一步探索和优化。

第四节 海外社交媒体建构中国形象的差异化特征及原因

在海外社交媒体平台上,建构国家形象的主体主要来自以下三个方面:一是普通网民自身间的互动与交流,这是基于社交媒体的基本特征形成的。用户自主生产内容,通过平台形成的社会连接进行互动,在交流互动中建构中国国家形象。二是社交媒体平台上的知名博主等意见领袖的引导和协商。三是官方媒体的宣传报道。官方媒体会根据平台的特点和网民的习惯进行针对性传播。不同的主体建构中国形象的特征也各有不同。

一、海外社交媒体建构中国形象的差异化特征

海外社交媒体建构中国形象的差异化源于建构主体的不同,而不同的主体建构的中国形象具有差异化特征,主要体现在以下三个方面。

(一)普通网民:差异和认同

海外社交媒体上的主体绝大部分是普通网民,中外普通网民之

间的关系为"主体间性"。"主体间性"反映的是主体与主体之间的共在，主体是以主体间的方式存在的，但其本质也是个性的，"主体间性"是"个性的共性"。① 具化到形象与认知互动中，"中国形象的主体间建构"是在我国网民"自塑"与国外网民"他塑"的共同作用下形成的，体现了主体间性的本质。

因"国家形象产生于各主体间的互动关系之中，单一主体所呈现出的片面形象，只有多元立体的互动、混融才使得建构出的国家形象得以立体和丰满"。② 国家形象的意义生成，是分布在两极之间的相互作用所形成的形象场，既不完全是对国家形象的客观反映，也不完全是"自塑主体""他塑主体"的主观解读，两者之间所形成的场域使得国家形象呈现出开放性、动态性、流动性，使国家形象更加立体和丰满。③

中外普通网民虽然也分别受本国历史文化的影响，但没有两国媒体之间较为强烈的意识形态分歧，因而他们是在差异中力图求得对方的认同。即使交往互动过程中时常会产生争论，但这种争论往往是富有弹性的"软吵架"，最终的指向是达成认同。

（二）意见领袖：引导和协商

意见领袖的思想雏形源于沃尔特·李普曼（Walter Lippmann），

---

① 唐婧：《"国家形象"主体间建构机制研究的新视角——认知语言学与形象学的互动》，《东莞工学院学报》2020年第2期。
② 周建萍：《国家形象建构中的主体性与主体间性问题研究》，《江苏师范大学学报（哲学社会科学版）》2015年第4期。
③ 唐婧：《"国家形象"主体间建构机制研究的新视角——认知语言学与形象学的互动》，《东莞工学院学报》2020年第2期。

他在《舆论学》中指出，外部世界与受众认知的世界存在差异，受众需要大众媒介的连接，才能更好地认识世界，强调大众媒介中领袖人物发挥着重要作用。20世纪40年代，保罗·F. 拉扎斯菲尔德（Paul F. Lazarsfeld）等人在伊里调查中发现，信息首先从媒介传给关键的个人，再由关键的个人传给人群中不太活跃的部分，而关键的个人正是我们所说的"意见领袖"。后来又有学者提出多级传播的概念。

互联网技术的出现消解了二级、多级等模式的划分。人人都可以使用自媒体，使传播呈现"去中心化"的特征。李良荣指出，网络意见领袖呈现"去中心化-再中心化"的特征，他们拥有较传统意见领袖更大的威力。首先，由于大众都有发声权，传统意义上"媒体-意见领袖-大众"的路径被消解，大众不仅可以跳过意见领袖接收信息，还能跳过传统媒体成为发声者。其次，互联网中拥有海量的信息，这就意味着有人声音大，有人声音小，网络意见领袖则是声音大的那部分群体。① 网络意见领袖借助互联网的身份赋权，在网络空间发挥影响力。冯雪提出，网络中的意见领袖处于话语权主导与社会资源分发的重要地位，"身份的加冕使得网络意见领袖有着较高的话语权，能自由地活跃于各类突发事件或公共事件的舆论旋涡中，并借助粉丝的转发实现信息的裂变式传播，影响力的辐射范围不断扩散导致舆论的形成"。② "网络意见领袖是网民中最重要的人物，对网络舆情的形成起着重要的推动作用，也可以影响舆

---

① 李良荣、张莹：《新意见领袖论——"新传播革命"研究之四》，《现代传播》2012年第6期。
② 冯雪：《网络环境中意见领袖的意见表达》，《视听》2019年第6期。

情的走向，引导部分舆情成为舆论。"①

海外社交媒体中的意见领袖占据网络空间的重要节点，能吸引大量网民的关注，其观点和意见对普通网民具有引导作用。此外，他们还可以成为多国政府、媒体和普通网民的中间桥梁，起到沟通协商的作用，甚至能化干戈为玉帛。

（三）中外媒体：强化与应对

海外社交媒体中的他国媒体与我国媒体之间是一种强化与应对的关系。

海外媒体受本国政府引导，代表的是本国的意识形态。美国2018年度《国防战略报告》多次提及中国，并将中国作为美国的战略竞争对手。② 美国2022年度《国防战略报告》中则直接指出中国是其"最重要的战略竞争对手"。《国防战略报告》中，美国分析中国在众多领域的增长给美国带来了严重的威胁，因此要加以遏制，在必要的冲突中获胜。③ 这样的官方报告在媒体中报道，直接使得很多西方民众形成了中国的发展会给西方带来威胁的意识，引起多方关注。

在我国外交事业的发展及全球化不断推进的背景下，国外媒体对中国的报道呈现多样、丰富的特点，展现了立体的中国大国形

---

① Rogers, E. M. (1962). *Diffusion of Innovations*. New York: The Free Press, 124-138.
② 中新网：《美国国防战略报告称中国为战略竞争对手 国防部回应》，http://app.myzaker.com/news/article.php?pk=5a6364091bc8e0cc19000000，2022年1月20日。
③ 赵歆：《美国国防战略报告出台 点名中国是"最重要的战略竞争对手"》，https://new.qq.com/rain/a/20220331A01OA900.html，2022年3月31日。

象，但仍存在少数国外媒体对中国形象的建构局限于一种"刻板印象"复刻强化的模式。20世纪末，有学者发现一些美国媒体在国际传播中建构的中国形象如下："未来核战争的狂人""威胁美国和邻国""民族主义在死灰复燃""威胁全球经济的奸商"，等等。[①] 进入21世纪后，部分国外媒体在涉华报道中仍倾向于使用带有负面色彩的叙事框架，强化中国的"刻板印象"。部分国外媒体涉华政治报道总是聚焦于人权、军事等一些传统议题，这也可能导致受众对中国产生负面认知。[②]

如上所述，海外社交媒体中的部分国外媒体对中国的报道进行差异化的呈现，对中国发生的事件进行简单的叙述，并根据自身的政治立场和态度进行有选择、有修改的报道，通过反复出现的报道主题和标签化的方式建构中国形象，强化一些公众对中国的"刻板印象"，不利于中国的国际形象的建构，对此，我们需要积极、客观地应对，用开阔的胸襟、实干的精神、客观的报道来为自己正名，展现真正的大国形象，改变存在的偏见。

此外，媒体的报道对网民的影响至关重要，因为并非身处中国的网民，无法第一时间真实、全面地了解中国，以及在中国发生的事。官方媒体能够获取关于中国的第一手资料，为网民提供最新信息。但也存在少数网民会有选择地接受官方媒体的报道，形成对中国的刻板印象。

---

① 李希光：《妖魔化中国的背后》，北京：中国社会科学出版社，1996。
② Zhang, C. (2012). International Coverage, Foreign Policy, and National Image: Exploring the Complexities of Media Coverage, Public Opinion, and Presidential Agenda. *International Journal of Communication* (6): 76-95.

面对海外媒体形塑的负面形象及部分民众对中国的刻板印象，2013年至今，习近平总书记在多个场合、多次重要会议上反复强调要注重塑造我国的国家形象，并从中国革命、中国社会的伟大实践中，就国家形象的丰富内涵、总体特征，国家形象的传播手段、叙事话语、叙事修辞等方面提出了建设性指导，为塑造富有特色的新时代中国国家形象指明了路径，搭建了顶层架构。① 2013年12月30日，习近平总书记在中共中央政治局第十二次集体学习时首次提出："要注重塑造我国的国家形象。"2018年8月21日，在全国宣传思想工作会议上，习近平总书记提出要"向世界展示真实、立体、全面的中国"。② 2021年5月31日，在中共中央政治局第三十次集体学习时，习近平总书记明确提出"要注重把握好基调，既开放自信也谦逊谦和，努力塑造可信、可爱、可敬的中国形象。"③ 习近平总书记的多次讲话，为我国媒体建构中国国家形象指明了方向。

近年来，我国媒体及媒体个人代表按照习近平总书记的指示，在政治、经济、文化和社会等各个方面建构了开放而有自信、增长而能持续、发展而能共享、多元而能共荣、自由而有秩序、民主而有权威、贫富而能互尊的国家形象，扭转了国外媒体的"刻板印象"，让更多人了解、认知真实、立体、全面的中国形象。

---

① 许建华、欧阳宏生：《国家形象建构的认知实践与理论创新》，《新闻战线》2022年第4期。
② 习近平：《讲好中国故事，传播好中国声音》，求是网，2021年6月2日。
③ 同上。

二、海外社交媒体建构中国形象存在差异的原因

海外社交媒体建构中国形象存在差异的背后，既有国际政治经济的变化，也有意识形态的影响，两者是形成此差异的深层原因。由于历史的惯性，西方凭借资本、科技、武力等方面的优势，仍然掌握着国际社会的话语权，中国的形象长期被"他塑"而非"自塑"。从传统媒体时代转向社交媒体时代，我国话语的表达和形象的塑造依然不可避免地受到西方的影响。

（一）国际政治经济变化

第二次世界大战之后，布雷顿森林会议造成了以英美为首的发达国家的利益和诉求为主的不合理的国际政治经济秩序，这种旧秩序至今未有"质"的改变。

第二次世界大战之后，我国面临着美国在政治上的打压、经济上的封锁、军事上的围困，还有国内残余力量的动荡、经济凋敝、民不聊生等"内患"。在经济、科技、文化等方面的发展较慢，综合国力相对较弱。面临的国际形势也较为恶劣，在国际地位上相对处于弱势。美国于1969年发明互联网，并且制定了互联网的规则，成为网络体系的主导者，而我国此时在这方面发展仍不完备，这也对我国在海外社交媒体上发声产生了一定的限制。

随着改革开放后我国各方面的飞速发展，2010年，我国国内生产总值超过日本成为世界第二，"一带一路"倡议使得诸多国家参与，我国军事能力、综合国力也不断增强，在国际上的影响力越来越大。

我国发展速度之快使得长期占据权力中心的西方强权国家产生了"被追上"的危机感……旧的国际政治经济秩序正在被不断冲击，撼动着以美国为首的西方国家的利益和地位，于是部分国家便利用社交媒体平台进行有利于自己的舆论塑造，贬低、攻击、抹黑中国，试图削弱中国在国际上的信誉、影响力，影响中国的发展。

（二）意识形态根深蒂固

杨光斌指出："意识形态之于国际关系的极端重要性。如果说冷战起源于意识形态之争，从而把世界划分为两极阵营，'新冷战'并不是有无问题，而是程度问题。"[1]

事实上，意识形态的对立和斗争从未停止过。资本主义的生产关系决定了其具有趋利性，这又决定了它具有扩张性、掠夺性、侵略性。当国内市场无法满足其扩张需求时，它便会将触手伸到世界其他国家。而与之不同，社会主义则是资本主义世界体系中的一个"异端"，因此从一开始便受到资本主义帝国主义势力的"围剿"。[2]虽然"冷战"早已结束，但是"冷战思维"依然存有残余。"印太战略""新干涉主义""颜色革命"等至今仍然威胁着世界和平与安全，这种重新挑起意识形态与政治制度的对立，"唤起"盟友的恐惧，重新激活并重构同盟体系的"冷战思维"正在加剧全球的分裂与不安。这些"开历史倒车"以维持自身绝对霸主地位的做法，

---

[1] 杨光斌：《俄乌战争与世界政治之意识形态驱动力》，https：//www.guancha.cn/YangGuangBin/2022_03_21_631161.shtml，2022年3月21日。
[2] 杨光斌：《政治思潮：世界政治变迁的一种研究单元》，《世界经济与政治》2019年第9期。

正遭到越来越多人的批评,"挑起意识形态对立不得人心"。①

（三）社交媒体平台的特性

社交媒体平台具有其独特的算法属性,会根据用户的兴趣和行为进行个性化内容推送。如推特的推荐算法主要运作在推特用户的"For You"界面,平台会根据用户先前的使用情况,为用户提供最相关的内容。平台将每天发布的大约5亿条推文筛选为一小部分顶级推文,最终显示在用户界面的"For You"时间线上。当用户与他人的互动越多,算法就会更多地为用户推荐他所关注的内容,与用户互动最多的人的推文会被排在页面顶部。社交媒体的算法特性会导致信息接触的同类化、窄化和极端化,会使得网民因个人兴趣的不同而只接触到自己所喜欢或关注的特定领域的中国形象相关内容,从而产生不同网民对中国形象的认知差异。

本 章 小 结

从以上对推特上的用户发表的文本分析可见,海内外的媒体建构中国形象时存在一定冲突,双方都以本国利益为准,基于本国的意识形态对中国进行了有利于本国的形象建构。网民们对中国形象的建构,则显示出多样化特征,有的网民受本国权威媒体意识形态的影响,对中国形象的建构也体现了鲜明的意识形态特征,其中一

---

① 央视网:《[朝闻天下]中国外交部　美方挑动意识形态对立注定不会得逞》,http://tv.cctv.com/2020/07/23/VIDE9HIMVgaKFLwr1rsvegIB200723.shtml,2020年7月23日。

些言论也引起了我国部分网民的不满，甚至少数网民采取了对抗性的话语予以回击。但绝大部分网民比较理性，通过与其他网民们的交往互动，建构了比较客观的中国形象。

总体来说，海外社交媒体不仅建构了正面的中国形象，也建构了负面的中国形象。这里既展现了真实的中国形象，也存在被抹黑、被歪曲的中国形象。其中有政治立场、文化价值观念、官方和媒体的选择和引导等因素的影响，而这些复杂的因素也决定了我国对外传播的复杂舆论环境。如何让海外网民在跨文化背景下理解中国，还有很长的路要走，主动设置议题，客观地、自然地对外讲好中国故事尤为重要。

第四章　海外社交媒体建构中国形象的目的及策略

古人云："得道者多助，失道者寡助。"国家形象既反映出其他国家对一国不同方面的解读和评价，也影响着一国所处的发展环境及舆论空间。良好的国家形象，对内可以增强本国国民的民族自豪感和责任感，提升国家的向心力和凝聚力，为国家发展注入源源不断的能量。对外则可以使国家获得国际社会的普遍认同，有利于国际合作、外交活动、文化交流等跨国项目的顺利展开，也有利于国家在面临危机时获得其他国家的支持援助。反之，一个国家如果负面新闻频出，无论是出于自身原因还是被恶意丑化，长此以往就容易引起国际环境的普遍敌意和质疑，最终使国家在国际形势中陷入被动局面，损害国家利益。

一个国家的形象除了受到自身国力的影响，还很大程度上取决于媒介的传播。"大众传媒作为一国实现意识形态、政治、军事目标的工具，被赋予特殊的使命，直接或间接参与国际事务运作。"[①]媒介依照主流意识形态建构国家形象，选择性地传递官方希望公众知晓的信息，在报道过程中潜移默化地影响受众的观点和立场，同

---

① 刘小燕：《关于传媒塑造国家形象的思考》，《国际新闻界》2022 年第 2 期。

时起到监视社会、引导舆论的作用。尽管在互联网高速发展的今天，关于国家形象的传播主体及传播内容更为复杂多元，但建构国家形象的根本出发点依然是维护本国利益，建构的过程依然受到意识形态的支配。

在社交媒体语境下，站在不同立场的传播主体分别出于怎样的目的参与中国形象的建构，以及为达到这些目的采取了怎样的策略，是本章要解决的问题。

第一节　海外社交媒体建构中国形象的目的

赵雪波在梳理国家形象相关概念时，将国家形象的塑造分为"自塑"和"他塑"，① 前者是国家自身塑造出一个自认为理想的国家形象，包括国家的外在形象和内在品性，后者则是其他国家、媒体、公众所塑造的国家形象，也就是该国在海外的国际形象。在如今社交媒体时代，海内外网民则由社交媒体便利的交往互动形成了"合塑"。

由于塑造国家形象的行为主体不同，代表的立场和价值观不同，他们建构中国形象的出发点也有着巨大的差异。

一、"自塑"中国形象的目的

"自塑"指的是本国媒体及网民对本国形象的建构。"自塑"

---

① 赵雪波：《关于国家形象等概念的理解》，《现代传播》2006年第5期。

的意义之一在于本国拥有国家形象构建的话语权，能更好地塑造本国形象。① 自塑中国形象主要存在以下几种目的。

（一）讲好中国故事，让世界了解中国

随着我国经济的快速发展和国际地位的提高，尤其是进入中国特色社会主义新时代后，我国在国际舞台上受到越来越多的关注，在国际事务中也发挥着愈发重要的作用。我国近年来在经济、科技、文化等领域取得的进步得到了许多国外媒体的报道，我国提出的"人类命运共同体"倡议也得到了国际社会普遍认可。

但是在肯定的声音之外，我们还应注意到国际舆论中存在许多不认同的声音，这些声音背后有文化差异带来的误读，也有刻板印象带来的偏见，甚至还有故意的抹黑污蔑。面对这些声音，我们不能"被动"地等待他国媒体来讲述我们的故事，而要"主动"讲好中国故事，让世界了解一个真实、立体、全面的中国，这也是建构中国国家形象的首要目的。正如习近平总书记在 2018 年全国宣传思想工作会议上所说："要主动宣介新时代中国特色社会主义思想，主动讲好中国共产党治国理政的故事、中国人民奋斗圆梦的故事、中国坚持和平发展合作共赢的故事，让世界更好了解中国。"②

2022 年北京冬奥会的举办，是一次向世界讲述中国故事的绝佳机遇。北京冬奥会是在百年未有之大变局下拉开帷幕的。大国关系

---

① 赵泓：《"他塑"与"自塑"：论中国形象的构建》，《电影文学》2019 年第 2 期。
② 《讲好中国故事——论认真学习贯彻习主席在全国宣传思想工作会议上的重要讲话》，中国军网，http：//www.81.cn/jfjbmap/content/2018-09/02/content_214833.htm，2018 年 9 月 2 日。

处于剧烈重构之中，区域冲突此起彼伏，经济全球化遭遇"回头浪"，全球治理面对各种突然奔袭而至的不确定性因素，"文明冲突论"再度甚嚣尘上。奥运赛事寄托了人类文明的梦想，譬如对公平正义的许诺，鼓励竞争又倡导合作，尊重多元又追求同一，因循规则又勇于突破。体育运动积聚、充盈着人类文明团结，以及更新的元气、激情和创造力。[①] 冬奥会不仅能够向国际社会展示中国积极的国家形象，传递奥运精神，更能增进各国人民友谊，提振各国人民团结一心战胜困难的信心，凝聚起共同奋斗的磅礴力量，体现出中国的世界情怀和大国担当，使各国人民深刻地理解构建人类命运共同体的现实意义。[②]

2022年2月4日，第24届冬季奥林匹克运动会中两个小时的精彩开幕式，向世界讲述了全新的中国故事。在开幕式上，从最开始的二十四节气，到迎客松闪耀鸟巢上空；从黄河之水天上来的想象，到燕山雪花大如席的气势，冬奥会开幕式在展现中国创意、中国科技之外，更多地表现出中国人独特的浪漫和诗意情怀。最后由各国雪花组成的火炬台，既是奥运新增格言"更团结"的体现，更向世界传递出我们的和平之心、友谊之意。吉祥物"冰墩墩"原型是一只憨态可掬的大熊猫，体现了中国传统文化中人与自然和谐共生的理念。火炬"飞扬"，场馆"冰丝带""雪飞天""雪飞燕""雪游龙""雪如意"等无论是命名，还是设计形态，都包含着中国传统文化理念与符号，每个设计背后都透着寓意深远的文化背景和底蕴，既是冬奥会举办的必要设置，也是透出中华文化自信的艺

[①] 胡百精：《北京冬奥会与新时代中国国家形象构建》，《公关世界》2022年第3期。
[②] 陈曦：《北京冬奥会中的国家形象塑造》，《国际公关》2022年第1期。

术品，更是一个个内涵丰富的中国故事。①

冬奥会是重彰中华文化精神，构建新时代国家形象的绝佳媒介文本。社交媒体上的中国网民、外国运动员的交流互动成为此届奥运会的一大亮点，网民们在海外社交媒体上晒出北京冬奥会的住宿环境、美食、文化体验等，让全世界关注北京冬奥会的网友都能了解冬奥会、了解中国，进而展开分享讨论。据统计，此届冬奥会中国共有47名"00后"参赛运动员，占所有参赛运动员的近三成；②而1.8万名赛会志愿者中有1.4万名是来自66所北京高校的大学生，③ 35岁以下的青年人比例更是高达94%。④ 这些年轻人很多是伴随着互联网成长起来的"网络原住民"，是社交媒体上的活跃用户群体，非常乐于、善于通过社交媒体分享生活点滴。作为积极讲述冬奥故事的亲身参与者，他们的叙事具有很强的可信度，呈现出中国青年人乐观、自信、奋发及健康的形象。⑤

社交媒体中也有很多群众亲自体验冰雪运动或是利用家庭现有设备模仿冬奥项目的内容，这一个个亲身参与冰雪运动的故事，拼凑出一幅完整的画面，展现了中国"三亿人上冰雪"的成效，证明了北京举办冬奥会的强大群众基础。此外，运动员展现出来的丰富

---

① 陈曦：《北京冬奥会中的国家形象塑造》，《国际公关》2022年第1期。
② 北青网：《中国"00"后小将有多厉害？中国176名参赛运动员小将占比近3成》，https：//t.ynet.cn/baijia/32220850.html，2022年2月17日。
③ 杨菲菲：《首都高校花样迎春节，让1.4万名冬奥志愿者过个开心"冬奥年"》，https：//www.bjnews.com.cn/detail/164353503714410.html，2022年1月30日。
④ 杨帆：《北京冬奥会志愿者："双奥之城"最好的名片》，https：//sports.gmw.cn/2022-02/18/content_ 35527678.htm，2022年2月18日。
⑤ 胡岑岑：《个体视角下的短视频叙事与国家形象建构——以北京冬奥会中的短视频为例》，《当代电视》2022年第4期。

立体的个性,在很大程度上也消解了对标签化的中国运动员的刻板形象,打破了外界对于中国体育界"唯金牌论"的误解。①

个体叙事的碎片化和差异性,使其在国家形象建构和传播上能够表现出微观的、个体的、细节的和具象的内容,实现人物丰满立体、场景丰富真实、主题多元开放、表达自由个性。②虽然从形式到内容都缺乏统一设计,如马赛克般模糊,但在社交媒体环境下,个体叙事作为国家形象建构的一块小小拼图,最终能通过积累和黏合,实现对国家形象这一意义集合体的堆砌和重组。③

(二)打破西方新闻壁垒,增强国际传播话语权

进入大众传播时代后,除了国家自身实力的强弱,该国媒介在国际传播中的地位也成为衡量一国综合国力的重要标准。自 20 世纪以来,我国长期处于西方文化霸权的压制下,形成了"西强我弱"的不平衡的传播格局,在西方媒体的报道中,中国经常作为一个"他者"的存在,一些媒体按照自己的立场给中国贴上各种标签,或出于意识形态和国家利益的斗争塑造不真实的中国形象。按照沃尔特·李普曼(Walter Lippman)的"拟态环境"理论,由于人们自身的时间、精力、注意力有限,往往会把"拟态环境"当作"客观环境"来看待,但这种"拟态环境"并非对客观事物"镜子式"的再现,而是媒介对象征性事件或信息进行选择和加工、重新加以结构化后向

---

① 胡岑岑:《个体视角下的短视频叙事与国家形象建构——以北京冬奥会中的短视频为例》,《当代电视》2022 年第 4 期。
② 同上。
③ 谭宇菲、刘红梅:《个人视角下短视频拼图式传播对城市形象的构建》,《当代传播》2019 年第 1 期。

人们展示的环境。① 在西方主导的舆论环境中，受众很容易将媒介报道中的中国当作真实的中国，在本次研究搜集的样本中，"贫穷"（poor）、"肮脏"（dirty）、"民主问题"（democracy）都是海外社交媒体用户在提及中国形象时使用的高频词，这种刻板印象使得我国在过去几十年一直陷入"有理说不出"的尴尬局面。

互联网的发展，为打破西方新闻壁垒、促进双方交流提供了重要契机，5G 等通信技术的兴起，也为我国的对外传播占据了技术制高点。在这一背景下，主动建构良好的中国形象，是打破西方新闻壁垒，增进国际对中国了解的重要方法，更是增强国际话语权，提升国家综合实力的必要途径。

在中华民族伟大复兴的道路上，机遇与挑战并存，这要求我们既要加强硬实力建设，也要重视软实力的提升，为中国的和平发展创造良好的舆论空间。在海外社交媒体平台上，官方媒体、专业组织和个人用户等主体，从不同角度积极融入国际舆论场，融入全球话语体系，都是在为解构西方话语体系，共建开放、包容、平等对话的中国话语体系，提升我国在国际上的话语权而努力。

（三）促进文化传播交融，增强文化凝聚力

中华文化源远流长、博大精深，是我们最深厚的软实力，是中国特色社会主义根植的文化沃土。② 文化作为国家"软实力"的重

---

① 郭庆光：《传播学教程》，北京：中国人民大学出版社，2011。
② 徐京跃、华春雨：《习近平强调　胸怀大局把握大势着眼大事努力把宣传思想工作做得更好》，http://cpc.people.com.cn/n/2013/0820/c64094-22634049-2.html，2013 年 8 月 20 日。

要组成部分，与对外传播和国家形象建构有着密不可分的联系。文化是一个国家的重要标志，在对外传播中对加强国家形象的辨识度和独特性起到了重要作用；他国对本国文化的认同，也能引发他国对本民族、本国的好感，使本国在实施对外战略时得到他国的赞同、支持和追随。反过来，建构良好的国家形象，能让一个国家的文化更好地"走出去"，加强与其他不同文化的传播交流，促进本国文化的创新与发展。

建构良好的中国形象，有利于文化输出，推动中华文化走向世界。过去很多年里，我国的对外输出主要是丝绸、茶叶、瓷器、功夫影片等器物，这些物品只能让外国对中国的印象停留在一个侧面，未能触及中华文化深层的价值内涵。塑造良好的国家形象，有利于中国和其他国家展开平等对话，传达中华民族"以和为贵""和而不同"等思想理念，加强世界民众对中华文化的了解。

建构良好的国家形象，有利于文化交融，为中华文化创新提供动力。良好的国家形象，是不同文化之间得以交流融合的重要基础，习近平总书记在博鳌亚洲论坛2015年年会上指出："要促进不同文明不同发展模式交流对话，在竞争比较中取长补短，在交流互鉴中共同发展。"随着"一带一路"倡议的展开，中国与埃及、斯里兰卡、蒙古国等"一带一路"共建国家建立了良好的关系，在文化上也互相积极交流、借鉴学习，为中国文化的创新发展注入新的活力。

建构良好的国家形象，还能增强国民的民族自豪感和文化凝聚力。在对外传播成功建构良好国家形象的基础上，国际社会的理解尊重，无疑会增强一个国家的文化自信心和民族自豪感，让国民在国际文化争端中更勇于保护传统文化、维护民族尊严。尤其是近年来，韩国等国家试图将二十四节气、端午节、汉服等我国的传统文化据为己有。在中国漫画师"old 先"发布于推特的一组古风混搭漫画作品下，韩国网民声称汉服"偷窃"了韩国的传统服饰，认为韩服才是汉服的起源，这一荒谬的说法很快引起了中国网民的抗议。汉服博主"十音 Shiyin"为此专门录制了一段视频，用英语有理有据地介绍了汉服不是韩服，中国历史研究院为此事件，特意发表《"韩服"真相："衣冠文物 悉同中国"》一文。许多网友也纷纷在海外社交媒体上指责韩国偷窃文化的行为，认为汉服的历史可以追溯到黄帝时期，约有 5 000 年历史，是汉服影响了日本的和服和韩国的韩服，而不是相反的情况。汉服是汉民族文化积淀、审美倾向和人文风俗等方面的完整体现，中国传统文化蕴含的民族精神、礼法制度、社会价值、宇宙观念，也在汉服中得到了充分的表达。汉服能够完整表达中华民族文化，弘扬民族精神，它是中华民族民族形象的完美展现。① 汉服的悠久历史能够增强民众文化自信，增强凝聚力，促进民众在国际文化争端中捍卫民族尊严。

在"文化安全"问题日益凸显的今天，良好的国家形象让我国在面对此类问题时更有底气，也更容易得到国际社会的认可。

（四）推进国际战略合作，增强综合国力和国家竞争力

近年来，国际局势变幻莫测，战略格局由两极转向多极，经济

---

① 李晰、樊帆：《现代化进程中研究"汉服"的意义》，《陕西教育（高教版）》2009 年第 7 期。

全球化向纵深发展，不同国家间摩擦争端不断，给人类社会的和平事业带来了巨大危机。尽管从历史角度来看，人类发展自古以来就充满了矛盾与对抗，甚至爆发过两次大规模的世界大战，但总体而言，谋求和平稳定、促进共同发展，归根结底是人类社会的基本诉求，也是当今世界锐不可当的时代潮流。

2015 年，习近平主席在第七十届联合国大会上，发表了《携手构建合作共赢新伙伴　同心打造人类命运共同体》的重要讲话，首次提出了构建"人类命运共同体"的倡议。党的十九大明确了"中国特色大国外交要推动构建新型国际关系，推动构建人类命运共同体"的战略任务，为我国的外交战略提供了指导性意见。面对日趋激烈的国际竞争，塑造友善的中国国家形象，在很大程度上推进了中国对外合作的展开，为中国顺应时代潮流，适应国际发展趋势，增强国家实力和综合国力赢得先机。

在国际传播中，根据"光环效应"（Halo Effect）理论，认知者在对事物的某个方面形成或好或坏的既定印象之后，也会据此推论该事务在其他方面的特征。如果民众对一个国家印象良好，那么这个国家就会被笼罩在"好"的光环之下，该国提出的合作战略也更容易获得国际社会认同、赞赏和参与。

中国积极倡导的"一带一路"倡议，得到了国际组织和多国政要的高度评价，但也有不少将"一带一路"视为债务陷阱、殖民侵略的看法。面对这些负面声音，更需要中国积极开展国家形象"自塑"，努力在国际舆论中提高正面声量，最大限度地争取和维护我国自身的发展利益与安全利益，同时为人类社会的和谐发展贡献中国力量。

二、"他塑"中国形象的目的

"他塑"指其他国家的传媒建构另一国的国家形象。"他塑"的目的是以他国的差异为考量来证明本国主流意识形态存在的合理性,从而满足为本国在国际行为中最大限度地谋求利益的需求。①

媒介在建构国家形象时,不可避免地会受到意识形态的支配,这种意识形态甚至会超越理性思维存在,影响海外媒体报道中国的方式。海外媒体,尤其是西方媒体所塑造的中国国家形象,本质上是西方文化投射的关于文化他者的幻象:"在西方文化中,中国形象所指并不是一个地理上确定的、现实的国家,而是文化想象中某一个具有特定文化意义的虚构空间,这是西方文化在二元对立原则下想象'他者'的方式。在西方的想象中,有两个中国,一个是乐园般光明的中国,一个是地狱般黑暗的中国。"②

在不同时期,西方媒体对中国形象的塑造呈现出动态的变化,政治制度、国家关系、经济利益、文化背景等因素都有可能影响"他塑"的中国形象的特征,甚至在同一时期,不同的媒体出于不同的利益需要,对中国的报道也不尽相同。雷蒙·道森(Raymond Dawson)认为,西方人眼中的中国形象"就像一条变色龙一样,总在不断地变化着"。③

"他塑"中国形象,主要有以下四种类型,不同的类型分别对

---

① 刘嫱、任东升:《对传媒"自塑"和"他塑"国家形象的价值学思考》,《天府新论》2014 年第 4 期。
② 周宁:《西方的中国形象史:问题与领域》,《东南学术》2005 年第 1 期。
③ [英]雷蒙·道森:《中国变色龙:对于欧洲中国文明观的分析》,北京:中华书局,2006。

应不同的目的：

(1) 朋友伙伴的友善形象——合作目的。在非洲、拉丁美洲的众多发展中国家以及俄罗斯对中国的评价中，中国是一个友善的大国，一个值得信赖的合作者，这主要是因为中国近年来在经济、科技等方面与这些国家合作密切，双方有共同的利益关系。

(2) 客观报道的中立形象——了解目的。海外媒体关注中国的信息中大多数是客观中立的报道。近年来，中国的综合国力不断增强，在政治、经济、军事、文化和环境方面都取得了举世瞩目的成就，国际影响力也不断提升，关注中国实事、了解中国成为西方社会的客观需求。

(3) 贫穷落后的负面形象——自我强化目的。在中国迅速崛起的同时，西方制度道路的短板逐渐暴露出来，尤其是近年来，很多国家国内社会矛盾加剧，在他们急需转移国内矛盾，确立身份优越感、强化自我民族认同的情况下，中国就极易被塑造成贫穷、落后、封闭、专制的形象。①

(4) 敌对威胁的对立形象——压制对抗目的。对于以美国为首的西方国家而言，中国的进步已经严重威胁了他们在国际上的霸主地位，在2017年度的美国《国家安全战略报告》中，白宫把中国作为美国的竞争对手，认为中国和俄罗斯是美国未来的最大威胁。②在西方媒体中，中国的体制是"强权"，"中国威胁论"一直存在，

---

① 孙祥飞：《"异托邦"的中国形象：在意识形态与乌托邦之外》，《新闻爱好者》2021年第10期。
② The White House. (2017 – 12 – 18). National Security Strategy of the United States of America. https：//trumpwhitehouse. archives. gov/wpcontent/uploads/2017/12/NSS-Final-12-18-2017-0905. pdf.

将中国塑造成一个充满敌意的、威胁世界和平的形象，是部分西方国家阻碍中国和平崛起，企图孤立中国的重要手段。

三、"合塑"中国形象的目的

经济的全球化推动了多方面的全球化。全球各个国家联系日益紧密，传播也具有全球化的特征。积极的国家形象有益于国家的对外传播，有利于营造良好的经济建设环境和政治发展环境。负面的国家形象容易使他国形成对本国的刻板印象，在各种交流上产生"先入为主"的隔阂，使我国在全球化的交流中受到多重阻碍。

在传统的传播场域，"自塑"和"他塑"有着各自区别的传播场景、传播路径和话语体系。两者相互区别，又彼此联系。随着移动终端的发展和广泛应用，社交媒体成为信息传播的重要场景和传播路径。"自塑"和"他塑"在社交媒体上共同作用，形成合力的"合塑"。"合塑"包含两个维度，一是社交媒体的传播主体不仅包括我国的媒体和网民，还包括其他国家的意见领袖、普通大众。二是传播主体间的交流是相互的，传播效果的实时反馈更促进了形象的塑造。多维主体"合塑"中国形象是将实践路径和目的相融合的重要方式。

（一）全民共同传播，交流促进理解

"合塑"指中国官方、中国媒体、各国政府和媒体、传播中国故事的海内外人民共同塑造中国国家形象。全体网民依托社交媒体平台参与中国故事的生产和传播。国家形象宣传片在以往的认知中，是以宏大视角进行叙事，而在社交媒体运行的当下，平民视角更能打动人心,传播效果更为惊人。

由网络作家周小平执导的《HI, I'm China》是一个民间个人团队制作的国家形象宣传片,在4小时内就获得了10万次的观看量,1 400多次的点赞量,由此可见,民间的个人国家形象宣传同样具有力量,能够获得良好的宣传效果。[1] 社交媒体的"合塑"一方面使得官方话语体系向亲民化转变,另一方面让民间对外话语体系在媒介的专业化展示下得以建构。

随着中国的经济实力逐渐增强,中国日益成为世界舞台上重要的角色,世界对中国的关注度也逐渐增加。国外友人也借此关注中国,参与展示中国。国外友人通过他们独特的思维方式和话语表达,往往能展现出较强的说服力和共情力。2022年北京冬奥会期间,18岁美国女子单板滑雪运动员特莎·莫德(Tessa Maud)在开幕式上用手机拍下与志愿者的互动,她对志愿者说"nihao"(你好),志愿者对她喊"Welcome to China"(欢迎来到中国),视频上传到短视频平台后迅速走红,一夜之间无数句"Welcome to China"涌向她的评论区。随后,她每天用短视频记录自己在奥运村的生活:和奥运五环合影、偷拍冰墩墩、尝试各式各样的中国美食……这些日常清晰地展现了一个"可信、可爱、可敬"的中国形象,向世界喊出此次冬奥会"一起向未来"(Together for a shared future)的口号。

华人华侨也是传播中国故事的重要力量。他们熟悉中华文化,既了解我国的文化,也了解国外文化,华人华侨参与传播中国故

---

[1] 刘子君:《中国国家形象宣传片的传播优化路径》,《出版广角》2021年第5期。

事,缩小了国内外的隔阂,有利于国外受众消除对中国的误解。有学者通过问卷调查的形式研究华人华侨获取中华文化和传播中华文化的途径及其身份认同程度,研究发现,在获取中华文化的途径上,强关系社交媒体占19.9%、弱关系社交媒体占19.3%;在传播中华文化途径上,弱关系社交媒体占30.4%,强关系社交媒体占23.4%。在传播过程中,华人华侨网络的使用程度比接受过程有所增加,特别是社交媒体。① 华人华侨在对外传播中国文化的过程中,既有助于获得民族认同和文化认同,也有助于中华文化在海外广泛传播。

(二)积极发出中国声音,参与全球话语传播

话语在国家身份塑造中的意义明显,话语叙述是一国身份被他者感知的重要渠道。建构主义将话语视为国家身份建构问题的补充,后建构主义更将话语看成是国家身份的唯一来源。②

社交媒体为我们提供了发声的场域和平台,使我们的声音能够被世界各国人民听到。虽然我们的声音较"杂",但是我们能够积极参与全球的话语传播,就打破了西方媒体一统天下的格局。如我外交部新闻发言人积极在社交媒体平台推特入驻,在重大议题上发出中国的声音,这就让世界听到了中国的声音。外交部发言人赵立坚自2010年5月创立个人推特账号至2021年1月中旬,共计发布

---

① 李沁、王雨馨:《华人华侨身份认同程度与中华文化传播行为研究》,《当代传播》2019年第2期。
② 郭璇:《G20框架下中国全球经济治理的参与实践话语与国家身份建构》,《国际传播》2019年第4期。

了 5.8 万余条推文，其粉丝量已经达到了 87.6 万，较 2020 年 4 月的 58.8 万的人数增长了 28.8 万。① 与官方有所区别的话语表达同样代表中国声音，有助于避免区隔化，这是融入海外交流圈的重要尝试。

借助海外社交媒体发出中国声音，是中国话语的表达，是参与全球话语传播的重要实践，对于我国国家话语权建设尤为重要。当前我国在国际话语权建设中面临重要挑战，一是以"国内话语等同或替代国际话语"，有时我们将国内常用俗语等进行直接表达，这在国外大多时间并不适用。二是讲故事的人不专不精，协同性不够，学术界、媒体坚守各自的话语体系，不能协同促进中国话语体系建设。②

海外社交媒体上的"合塑"能够弥补当前挑战下话语建设的不足，一是能够让我们意识到民间话语表达的重要性，在海外社交媒体中要想获得好的传播效果，就要用网民乐意、接受的方式表达，由此也促进了我国新形势下国际话语传播能力的提升。二是催生了众多讲故事的人。"合塑"的力量在于专业和民间相结合，既有专业媒体参与，也有李子柒这样的自媒体人参与，讲故事的人想要获得持久的关注和流量，就必须既精又专，从而才能推动中国话语和受众的无缝衔接。

（三）全方位传播，塑造全面的中国形象

"合塑"中国形象最本质的目的在于展示真实、立体、全面的

---

① 赵清源：《新冠肺炎疫情视角下的对外传播策略——以外交部发言人海外个人 Twitter 账号为例》，《青年记者》2021 年第 12 期。
② 陈映锜：《牢牢把握讲好中国故事的话语权和主导权》，《当代传播》2022 年第 1 期。

中国。以互联网为基础的社交媒体用户产生的内容是多方面的，既涉及政治、经济等硬性议题，也有美食、电影等文化类软性议题，这些议题围绕用户本身，更加全面地展示了中国形象。如有学者对油管中排名前10名的中国博主进行研究，发现在播放量最高的30例视频中，关于美食的视频共有16例，另有9例是关于生活方式的视频，还有3例科技类及2例介绍中国传统工艺的视频。① 由此可见，海外网民不仅仅关注中国的经济，具有人类共鸣特性的内容同样是其关注的焦点，这些内容往往能够引起网民互动交流。

海外博主对中国的关注也更为多元，他们在展现真实的同时，对文化语境进行转换，将内容有效地表达，也有力地回击了部分媒体的负面报道。博主B1介绍了北京什刹海公园的滑冰活动，在油管上收获好评；博主S4在油管上记录了围绕在DDC酒吧附近的先锋诗歌和音乐活动；拥有272万名订阅者的博主A则发布Vlog介绍了北京街头的汉服文化，引起海内外网友热议，评论多达近3 000条。② 海外博主聚焦于微观的内容，真实、多元地展现中国的城市内容，塑造了生动的城市形象，而城市是国家的一部分，是国家的缩影，通过理论联系从而形成国家形象。

社交媒体的"合塑"促进中国形象的多维传播，突破以往"自塑"下国家形象的局限，多元主体的故事叙述，塑造了更加全面、立体的中国形象。

---

① 吕梦佳、马二伟：《海外社交媒体中个体影像叙事对国家形象的建构——以YouTube视频博主为例》，《新闻爱好者》2022年第3期。
② 张洪亮：《海外Vlogger如何助力北京城市形象对外传播》，《青年记者》2021年第8期。

（四）凝聚共识，践行人类命运共同体倡议的传播实践

党的十八大以来，构建人类命运共同体这一理念在理论延伸和指导实践中得到不断充实和完善。构建人类命运共同体思想坚持"相互尊重、平等相待，美人之美、美美与共，开放包容、互学互鉴，与时俱进、创新发展"①的原则和立场，在谋求本国发展的同时，也寻求全世界的共同发展。构建人类命运共同体思想的传播和践行同样离不开"群体性"的支撑，如何在世界范围内增强构建人类命运共同体思想的认同感和信任感成为其构建的起点。② 构建人类命运共同体是中国基于当下和未来发展提出的全世界和平发展的理念，希望全世界听到中国声音，信任中国方案。

目前，局部地区冲突时有发生，多方面因素加剧了未来的不确定性和风险性。从短期看，经济利益占据主要考量位置，国家间形成利益团体相互对抗，以确保资源和国家的稳定。但从长远来看，全世界人民的安危和利益是紧紧联系在一起的，是"你中有我、我中有你"的命运共同体。以互联网、大数据为基础的现代信息技术推动了全球化进程，人与人之间的联系和关系更趋于复杂和多变，血缘和地域不再是限制，宗教、文化等因素成为群体共同体形成或冲突的关键因素，这些情况都要求在全范围、全领域推动构建人类命运共同体。

在海外社交媒体平台，"合力"分享中国故事，能够帮助各类主体实现文明对话，在"分享"中理解文化、交流文化，从而产生强

---

① 习近平：《深化文明交流互鉴共建亚洲命运共同体》，《人民日报》，2019年5月16日。
② 王梦：《构建人类命运共同体思想的符号学阐释》，《上海交通大学学报（哲学社会科学版）》2021年第6期。

烈的认同感和信任感，在冲突与融合中，自我完善对外传播的方式和话语，由此增进彼此的了解，凝聚共识，构建人类命运共同体。

第二节　海外社交媒体建构中国形象的策略

如今，中国成为全球第二大经济体以及第一大货物贸易国，作为发展中国家实力不断增强，发展速度不断加快，但其传播力度和声量在世界范围内仍须进一步提升，所以如何在国际世界中发出有力的声音成为一个值得进一步研究的问题。

2022年1月5日，中共中央政治局常委、中央书记处书记王沪宁在全国宣传部长会议中表示，党的十九大以来，习近平总书记就守正创新做好宣传思想工作发表了一系列重要讲话，强调要推动对外宣传创新，全面提升国际传播效能。[①] 我国的综合国力与国际话语权的力量不完全匹配，国际话语的相对失衡，中国声音的传播仍具一定阻碍，中国若想在国际中塑造全面、客观的中国国家形象，要抓住时机，努力做好对外传播。

一、积极的对外传播策略

对外传播的主体有三类，一是官方媒体，二是意见领袖，三是普通用户。三类主体应在对外传播中，分别充分利用自己的优势，努力发挥出传播、塑造中国国家形象的最大效能。

---

① 赵兵：《全国宣传部长会议在京召开　王沪宁出席并讲话》，http://paper.people.com.cn/rmrb/html/202201/06/nw.D110000renmrb_20220106_2-03.htm，2022年1月6日。

(一)官方媒体:把握大事件,及时性报道

官方媒体进行及时、长期的传播工作。由前文分析可知,普通用户的推文中有很大一部分转载自官方媒体,普通用户可从官方媒体获取大量中国最新的动态、政策变化信息等。所以官方媒体在海外社交媒体建构中国国家形象时应发挥其及时性、权威性的信息源作用,以方便平台其他用户进行二次传播与扩散。

官方媒体抓住北京冬奥会、全面建成小康社会、"一带一路"等重大议题,积极主动传播信息,改变中国被定义、被言说的局面,明确表达中国的态度。塑造国家形象是一个长期的过程,官方媒体往往采用高规格的新闻发布活动、盛大的纪念活动、组合式的新闻报道策略等系统化的部署和安排,进行持续不断的报道,力图打好对外传播"组合拳"。通过议程设置体现全面的中国国家形象,并进行舆论引导工作。官方媒体应高度关注海内外大事件,及时传播观点与态度,塑造大国形象。

(二)意见领袖:非官方表达,主题化传播

意见领袖群体,需要使用非官方话语,将中国形象融入个人媒介风格中,通过叙事建构和传播中国形象。

意见领袖指的是活跃在人际传播网络中,经常为他人提供信息、观点或建议并对他人施加个人影响的人物。[①] 意见领袖具有社交范围广,拥有较多的信息渠道,对大众传播的接触频度高、接触量大等特点。在海外社交媒体中,不乏走出国门、较有名气的中国

---

① 郭庆光:《传播学教程》,北京:中国人民大学出版社,2011。

"网红",这类"网红"意见领袖通常有自己独特的媒体风格,并吸引了海内外的大量粉丝。这些成功出圈的意见领袖们,利用自己的独特身份,能够为中国的对外传播出一份力,传播中华优秀传统文化,助力塑造良好的中国形象。相比官方媒体,意见领袖不宜使用生硬的官方话语进行传播,这样容易使粉丝产生反感抵触的心理甚至取消关注;而应该使用一些不带有意识形态的非官方话语,将中国的历史、文化等能够体现中国现状的主题结合自己的媒介风格,将客观、全面的中国国家形象传播出去,以讲故事的方式、软性方式潜移默化地影响受众,改变受众心中对中国的刻板印象。

比如,李子柒就是中国"网红"成功出海的案例。李子柒是一位原创的视频博主,拍摄内容以中国田园生活、传统美食、非物质文化遗产等中国传统文化为主线,其视频围绕中国农家的衣食住行展开,画面清新淡雅,配乐温柔悦耳,节奏舒缓流畅,给人一种温馨治愈的感觉。李子柒凭借其视频中呈现的理想式田园生活,收获了大批粉丝。2021年2月2日,吉尼斯世界纪录发文宣布,李子柒以1410万的油管订阅量刷新了由其创下的"YouTube中文频道最多订阅量"的吉尼斯世界纪录。[①] 通过李子柒视频式的呈现,海内外网友们很是向往李子柒式的生活,她让网友们对中国农村生活有了新的定义。她让外国朋友们了解中国农村生活,虽然视频没有外文字幕,但外国朋友们还是看得津津有味,并大方夸赞她为"厨神""艺术家",等等,这是中国传统文化对外文化输出的重要组

---

① 新浪科技:《李子柒刷新"最多订阅量的YouTube中文频道"吉尼斯世界纪录》,https://finance.sina.com.cn/tech/2021-02-02/doc-ikftpnny3371095.shtml,2021年2月2日。

成部分。李子柒创作的视频的核心，是中华民族利用自然资源进行自主创造的创新精神和坚韧不拔的精神，展现着中华民族几千年来影响世界的文化，体现出中国人勤劳、善良、聪慧的品格，展现了中国山清水秀如世外桃源的美景。这让来自美国、德国等几十个不同国家的人，用几十种不同的语言，在她视频下面毫无保留地称赞中国文化。李子柒通过叙事化、主题化的呈现，塑造了中国人民淳朴、善良的形象。

（三）普通用户：主动时传播，被动时公关

海外社交媒体上的普通用户群体，作为自由的平台用户，不但可以在日常使用社交媒体时主动传播中国声音，塑造中国形象；还可以在国家遭受污蔑、歧视等被动局面时具备全员公关思维，随时发声，全方位传播中国声音。这些普通用户包括海外华人华侨、留学生或者使用此软件的海内外用户等，这类用户是传播主体的重要组成部分，他们无条件联合起来，形成"海外华人共同体"以传播中国声音。

其一，普通网友可以根据自己的兴趣爱好，传播中国的华语音乐、二次元亚文化或是中国影视作品等易引起用户共鸣的推文，利用多元化的形式塑造一个真实、立体、全面的中国国家形象。普通用户可以站在更加客观的角度发表言论，其推文有更高的可信度。不少普通用户在2022年北京冬奥会期间，传播了一些开幕式、闭幕式背后的意涵，有关"冰墩墩""雪容融"吉祥物的日常，以及中国运动员的高光时刻，等等，向海内外用户传播奥林匹克精神及中国热情好客、待人接物的态度，更加真实地将中国的行为、态度传播到国际世界中，侧面体现出中国良好的国家形象，提高了中国的美誉度。中国若是在某些方面做得优秀，便会有海内外用户变身"自来水"主动发声，传播积极的中国国家形象，这些用户的发言更具客观性、可信性。在 2022 年北京冬奥会期间，美国自由式滑雪 U 型池运动员亚伦·布伦克（Aaron Blunck）在发布会表示，从志愿者到防疫检测人员，再到奥运村住宿情况，2022 年北京冬奥会是他参加过的最好的奥运会之一。中国用突出的实际行动得到了国外选手的称赞，塑造了优质的中国国家形象。

其二，从早年的"帝吧出征"到如今的"推特澄清"，都体现了中国网友的爱国热情。"帝吧网友"擅长用简洁的文字、恰到好处的表情包与别人讲道理，传言称"帝吧出征，寸草不生"。[①] 现已扩展到"爱国青年网络出征"，指的是怀有爱国热情的中国网友，自发进军海外社交媒体，澄清事实，传播真相。2018 年 11 月，中国战队 RNG 和北美战队 coL 参加 Dota2 梦幻联赛的淘汰赛，比赛开始时，coL 战队的队员 skem 在公屏发布评论："GL（good luck）chingchong"。"Ching chong"作为带有辱华意味的词汇，激起了观赛华人的愤怒之情，普通用户们纷纷发表让 skem 道歉、退赛的推文，并最终引起话题度和关注度。当日，当事人 skem 发布道歉推文，对其在比赛中的言论表示道歉，意识到了严重后果并吸取了教训，对所有被冒犯的人表示道歉。普通用户在传播中国声音，塑造中国国家形象时起到了不可估量的作用，他们反对歧视性语言，举

---

① 共青团中央：《昨夜出征！不止帝吧、饭圈还有他们！网友：人民的力量、青年的力量》，https：//baijiahao.baidu.com/s? id = 1642193417155589146&wfr = spider&for = pc，2019 年 8 月 18 日。

报污蔑性言论，都体现出普通网友的爱国之心。

使用易引起用户共鸣的多样化方式主动传播，遇到污名化、诋毁的信息时迅速出击，澄清事实，是海外社交媒体中普通用户塑造、维护中国国家形象的重要方式。

二、应对负面舆论的传播策略

目前，中国虽已建立起比较完善的对外传播体系，但在国际舆论中，中国对外传播的影响力和国际话语权仍然有一定提升空间。

据统计，当前，美国联合通讯社、合众国际社、路透社、法国新闻社四大通讯社对国际主流媒体的覆盖率均在80%左右。① 西方发达的资本主义国家凭借技术优势与资金优势影响着对外传播的掌控权，国外主流媒体大大掌握着社交媒体的话语权，设置着自媒体议程，中国涉外媒体的传播力、影响力与引导力相对弱于发达国家。此外，部分西方国家视中国的和平崛起与中国的快速发展为西方中心主义的威胁，常常对中国进行猜忌与遐想，中国也因此常常处于被误解、被诉说的尴尬境地，"妖魔化""污名化"中国成为海外社交媒体报道中常常发生的事情。所以中国在应对负面舆论与塑造良好的国家形象方面需要做出行动，传播全面、客观的中国国家形象，打破海外公众对中国的刻板印象。

通过本书第三章对网友推文的内容分析可得，海外社交媒体中有关中国的推文中，表现消极情绪的推文仍占一定比例，这说明仍有一部分用户对中国留有不好的印象。要想改变这种传播现象，需

---

① 文白石：《李长春说"提高国际传播能力"的深意》，中国共产党新闻网，2010年1月7日。

要进行持续的形象建设,采取一些积极的传播策略。

首先,提升舆情研判能力。要熟悉社交媒体,科学把握其传播规律,提升舆情跟踪研判能力;要主动接触社交媒体,对突发事件进行及时的舆情研判,把握好网上舆论引导的时、度、效,主动联系沟通,提供科学的舆论引导。

其次,官方媒体要发挥权威性、及时性的作用。当出现重大事件时,官方媒体要积极主动发声,让世界看到中国的观点与态度,改变中国被言说的现状,积极做好舆论引导工作,让公众第一时间了解事件真相。如遇到虚假负面新闻应及时澄清事实,塑造不屈不挠、坚忍不拔的大国形象。

再次,建立令公众信任的意见领袖数据库,并善于激励公众信任的意见领袖,发挥其影响力来正面引导舆论,改善形象。

最后,在社交媒体上遇到污名化、诋毁的信息时,海内外社交媒体上的普通用户要联合起来,以巨大的用户量产生话题量与传播量,极力反对污名化与妖魔化中国,抵抗诋毁性话语,及时应对负面舆论。

本 章 小 结

本章分析了海外社交传播者建构中国国家形象的目的,以及为了达到目的而采取的传播策略技巧。

其中,传播目的包括:讲好中国故事,让世界了解中国;打破西方新闻壁垒,增强国际传播话语权;促进文化传播交融,增强文化凝聚力;推进国际战略合作,增强综合国力和国家竞争力的"自塑"目的，以及合作、了解、自我强化和压制对抗的"他塑"目的；全民共同传播，交流促进理解；积极发出中国声音，参与全球话语传播；全方位传播，塑造全面的中国国家形象以及凝聚共识，践行人类命运共同体倡议传播实践的"合塑"目的。

传播策略技巧包括：积极对外传播及应对负面舆论时采取不同策略。

第五章　海外社交媒体建构中国形象的效果

全球化的发展，让我国与世界其他国家和地区在政治、经济和社会文化等方面的合作交流愈发深入。讲好中国故事、展现中华文化的独特内涵，需要我们在不断创新传播内容、传播策略的同时，正确把握传播效果，分析优质对外传播案例取得良好效果的原因，为官方媒体和自媒体提升对外传播效果提供借鉴。

在微观上，传播效果是指带有说服动机的传播行为引起受传者的心理、态度、行为的变化；而在宏观上，传播效果是指传播媒介活动对受传者和社会产生的一切影响和结果的总和。[①] 总的来说，传播效果是一个宏观、综合和长期的考察过程，需要我们借助社交媒体平台，扩大传播主体范围、丰富传播形式，以情感化传播的内容克服文化背景、社会制度带来的障碍，有效提升我国对外传播效果，塑造良好的国家形象。正如习近平总书记 2019 年 1 月 25 日在中共中央政治局第十二次集体学习时的讲话所说："把握国际传播领域移动化、社交化、可视化的趋势，在构建对外传播话语体系上下功夫，在乐于接受和易于理解上下功夫，让更多国外受众听得

---

① 郭庆光：《传播学教程（第二版）》，北京：中国人民大学出版社，2011。

懂、听得进、听得明白,不断提升对外传播效果。"①

本章将从不同传播主体、传播形式出发,探究我国在海外社交媒体中建构中国国家形象的传播效果,并从传播效果看我国在建构国家形象及对外传播中存在的问题。

第一节 海外社交媒体传播主体的传播效果

海外社交媒体因传播主体不同,其传播的侧重点,产生的传播效果也不一样。

一、官方媒体矩阵:建构全面中国形象

在全球范围内,以推特为代表的社交媒体正逐步成为新闻内容和信息的集散地。社交媒体以其去中心化、强互动性、直接迅速等一系列特征,为官方媒体的对外传播开辟了全新的舆论场。

统计显示,推特平台上85%的话题都由新闻媒体账号产生,这一社交媒体平台已经明显地表现出了新闻媒介属性。2009年以来,《中国日报》、新华社、《人民日报》、央视网等官方媒体先后在推特、油管等海外社交媒体平台开设英语、法语、德语、阿拉伯语等多种语言的官方账号,形成多位一体的传播矩阵,向不同国家和地区的人民讲述中国故事,帮助更多海外受众了解中国。

---

① 张洋:《习近平在中共中央政治局第十二次集体学习时强调:推动媒体融合向纵深发展,巩固全党全国人民共同思想基础》,《人民日报》2019年1月26日。

以三大央媒为例，笔者通过 Social Bearing 平台对《人民日报》（推特账号：@PDChina）、新华社（推特账号：@XHNews）和中国国际电视台（推特账号：@CGTNOfficial）的推特官方账号进行分析，并同美国有线电视新闻网（推特账号：@CNN）和英国广播公司（推特账号：@BBCWorld）的推特官方账号进行对比（见表 5）。

表 5 推特中的三大央媒与美国有线电视新闻网、英国广播公司的对比情况

账 号	创建时间	推文总数（条）	日均发推量（条）	粉丝数（人）	月阅读总量（次）	月转发总量（次）	月获赞总量（次）
@PDChina	2011 年 5 月	111 464	27.61	6 836 743	6 672 626 716	14 438	43 365
@XHNews	2012 年 2 月	232 253	61.51	12 273 130	29 457 869 600	30 522	61 234
@CGTNOfficial	2013 年 1 月	226 951	66.24	13 336 225	35 407 523 905	23 637	69 110
@CNN	2007 年 2 月	376 025	67.13	58 481 643	80 061 401 935	183 921	784 897
@BBCWorld	2007 年 2 月	347 301	61.91	36 927 113	51 550 499 429	241 586	1 082 918

（数据统计截至 2022 年 4 月 5 日）

从整体来看，三大央媒在国际上都收获了极高的关注，新华社和中国国际电视台的推特粉丝数量分别达到了 1 227 万以上和 1 333 万以上。同时，这些官方账号始终保持较高的活跃度，新华社和中国国际电视台的日均发布推文数量都超过了 60 篇，已经达到了美国有线电视新闻网、英国广播公司等发达国家官方媒体账号的发布数量。近几年，我国官方媒体的对外报道愈发重视社交媒体账号的多方联动，逐步打造海外社交媒体传播矩阵，不断提升对外传播效

率，例如，在 2021 年两会系列报道中，在常规的采访报道之外，《人民日报》推出说唱视频介绍两会流程，新华社发布多条两会现场连线视频介绍会场情况，中国国际电视台发布原创短视频《Younger Voices/青年之声》，沟通全国人大代表中的"95 后"代表人物，共获得 63.8 万次独立用户访问量，观看量达 13.9 万人次。[①] 三大央媒利用海外社交平台向世界传递中国声音，讲述中国故事，向世界展现出"文明大国形象""东方大国形象""负责任的大国形象""社会主义大国形象"。

从数据中也可以看出，我国官方媒体海外社交媒体账号起步较晚，在推文阅读量、评论量和转发量上还有很大进步空间，在国际舆论场中的话语权还有待进一步提升，这需要官方媒体不断加强对外传播能力建设，优化传播内容，同时完善外宣战略布局，打造一批具有国际影响力的"外宣旗舰媒体"，提升媒介事件的参与度和引导能力。

二、"网红"出海：打造立体中国形象

随着社交媒体日渐成为全球各地同步传播和对话交流的重要平台，传播的终端化、日常化打破了官方话语和民间话语的界限，社会公众不再是单一的接受者，其本身就可以作为传播主体参与国家形象的建构。此外，一个良好的国家形象不是呆板的、单一的，而是由政治、经济、社会、文化、科技等不同层面组成的立体形象，因而需要社会多元主体的共同参与。在这样的背景下，近年来大批中国"网红"成功出海，在国家形象建构方面做出了重要

[①] 欧阳：《联动、国际、渠道，复盘 2021 两会报道》，https：//tech.ifeng.com/c/84g7ien7wMZ，2021 年 3 月 17 日。

贡献，他们呈现出的中国国家形象更加开放、包容、自信、富有生活气息，民间化的表达方式让他们在与海外网友对话时更加灵活，也以更具接近性和亲和力的传播方式向世界传递中国声音、引发情感共鸣。

根据博主资源整合平台"Nox Influencer"统计的中国大陆油管博主排行榜，其中排名前十的中国博主名单见表6。

表6 中国大陆排名前10的博主名单

Youtube 账号	Youtube 分类	粉丝量（人）	平均观看量（次）
李子柒 Liziqi	日常类	1 700 万	2 624.67 万
The Food Ranger	美食类	546 万	67.34 万
李永乐老师	知识类	190 万	24.48 万
Naomi 'SexyCyborg' Wu	日常类	157 万	45.84 万
龙梅梅 Longmeimei	日常类	140 万	75.54 万
周六野 Zoey	日常类	110 万	5.59 万
冒险雷探长	旅游类	90 万	11.08 万
拜托了小翔哥	日常类	73.9 万	26.33 万
日食记官方频道 Cat's Kitchen	美食类	59 万	4.13 万
仇仇 qiuqiu	日常类	54.2 万	8.76 万

（数据统计截至2022年2月10日）

与官方媒体相比，这些民间"网红"的生产内容更具多元性和趣味性，目前中国"网红"较多地集中在日常类和美食类，在日常类下既有"李子柒 Liziqi""龙梅梅 longmeimei"等田园牧歌式的传统文化博主，也有"周六野 Zoey""仇仇 qiuqiu"等主打时尚都市生活的创作者。在美食类专栏下，"拜托了小翔哥"通过开箱、品尝黑暗料理等颠覆传统美食博主的环节，将美食与搞笑结合，被粉丝评价为"光看他手舞足蹈就很开心"；"日食记官方频道 Cat's kitchen"的内容则更偏向美食教程，以清新文艺的画风和简洁明了的步骤吸引了大批年轻观众；除了中国本土"网红"，还有"The Food Ranger"等热爱中国美食的"吃货老外"。他们从自身视角出发，以更为亲切、真实、易懂的叙述方式，与官方话语优势互补，共同塑造出一个既有历史悠久的传统文化，又有现代化都市生活，既在国际舞台上大放异彩，又极具亲和力的中国国家形象。

在短视频创作者群体迅速壮大的当下，这些"网红"能够在海量同质化内容中脱颖而出，依靠的是独特的市场定位，一方面"中国文化""中国美食"对许多海外网友是十分新奇的领域，他们或对中国文化一知半解，或品尝过中国美食但不了解制作流程，这就使得这些"网红"在内容题材的吸引力上自带巨大的优势；而另一方面，这些"网红"在创作内容时更多地从受众本身出发。"选择性接触"理论认为，受众在接触信息时并非全盘接受，而是倾向于选择与自己立场和态度一致或接近的内容加以接触，要想获得更多受众的认可，就需要以贴近受众日常生活作为突破口。无论是李子柒视频中宁静诗意的生活方式，还是"周六野 Zoey"等博主的视频中快节奏、都市化的生活，都是网友向往的，或是正在感受的生活，使得他们在观看视频的同时，在潜移默化中加深对中国的认同感。

三、普通网民互动：塑造真实中国形象

社交媒体中，普通网民已成为重要的活跃因素，他们借助社交媒体的社会动员能力和碎片化整合能力缔造了跨文化传播中的重要景观，并以此为路径实现国家形象的跨文化塑造与传播。[1] 调查数据显示，有四成以上的受访者认为通过策划发起社交媒体活动（44.5%）、利用短视频传播（43.3%）的方式，更能吸引海外人士关注，从而取得更好的传播效果。[2]

普通网民来自不同地方，他们着重从自身生活经验出发进行叙事，通过多视角记录人民生活实景，突出展现贴近人民生活的社会文化环境，呈现丰富多样的具有地方特色的真实中国形象，并引发海外受众的认同。

美食类和传统文化题材的叙事以影像模态为主，社会题材的生活方式类叙事则以文字和声音模态为主。美食类视频展现中国人恬静、自然的田园生活以及怡然自得的生活态度，所构建的意义空间契合了海外用户在繁忙的都市生活中对于远离喧嚣的、慢节奏的田园生活的向往。展现中国科技发展的科技测评类视频、表现中国传统手工艺的手工制作视频，以及中国人民走向海外体验生活的旅游视频将中国国家形象具象于一个个普通百姓的生活和经历中，在相

---

[1] 郑承军、唐恩思：《青年镜像：中国形象在海外社交媒体上的传播与塑造》，《中国青年社会科学》2020年第6期。
[2] 仇园园：《参与式传播视角下中国国家形象的国际传播》，《中国出版》2021年第20期。

对多元的题材中建构了人民生活富足、社会科技发展、环境优美的真实中国形象。普通网民通过选用合适的题材、亲近性话语、多元化叙述者以及共时性的叙事时空，将语言和画面及各种符号作为隐喻和转喻的载体，在隐喻映射的"国家特征"与多种转喻凸显的"中国身份"之中构建了"国家形象"的意义空间，于"无意识"之中潜移默化地实现了个体对国家形象的塑造功能。指向"幸福、认同"的符号塑造了永恒的亲情情感，跨越了时间和文化的隔阂，激发了受众心中的情感域，从而促使受众产生移情，对中国人民、对中国产生积极的认同与理解。①

社交媒体是基于用户社会关系的内容生产与传播平台，网民们不仅使用社交媒体进行内容分享和观点表达，也进行社会关系的构建与维护。网民们在与整个社交网络互动中塑造国家形象。粉丝在社交媒体平台上的留言，反映的是其对于中国国家形象的认知、情感与评价。普通网民所发表的内容的传播会引起粉丝们的评论、点赞、转发等行为，这也在原生内容的基础上增加了新的内容。这些新的内容在社会网络中不断被传播，在传播中又有新的内容不断被创造出来，这些动态迭代的内容和用户反馈构成了中国形象被认知和评价的基础。用户间观点、情感的分享随着链式传播不断实现传播内容的增值，在传播链上，用户对于中国国家形象的认知、情感、评价的互动内容，也与原生内容一起形成了新的传播单元，这也影响着下一轮传播中用户对于中国国家形象的解读和认知。从这个意义上说，用户间社交网络的互动过程，也在塑造着传播中的中

---

① 吕梦佳、马二伟：《海外社交媒体中个体影像叙事对国家形象的建构——以 YouTube 视频博主为例》，《新闻爱好者》2022 年第 3 期。

国在社交媒体中的国家形象,并使这种国家形象在不断的内容生产与传播中动态变化。而用户与用户之间的互动直接在生产与传播的不断交织中,动态地改变着国家形象。国家形象就在这些复杂的互动过程中被塑造与再塑造。①

然而,不可忽视的是,普通网民的题材多集中在个体经验和日常生活方面,对有关政治、经济、军事等方面的国家形象的塑造作用不明显。此外,普通网民的传播水平也参差不齐,还有很大的改善空间。

第二节 海外社交媒体传播内容和传播形式的传播效果

纵观海外社交媒体内容,可以发现"软传播"的议题更容易引发全球关注,传播效果更为突出;从传播形式上来看,短视频更容易引发跨文化共鸣。

一、传播内容:"软传播"议题引发全球关注

全球政治经济新旧矛盾交叠,使得我国面对的外部舆论环境更加复杂,对外宣传的难度不断加大。要在西方主导的国际舆论体系中进一步提升我国国际话语权,实现有针对性的高效传播,需要及时转变叙事策略,由"宏观场面"转向"微观细节",由政治色彩较浓、较为生硬的"硬传播"转向更具生活气息的、受众喜闻乐见

---

① 王斌、戴梦瑜:《迭代生产与关系建构:社交媒体中的国家形象塑造机制》,《兰州大学学报(社会科学版)》2017年第5期。

的"软传播"。

  2021年的"一路象北"事件，就是一例优秀的"软传播"案例。2021年4月中旬，一群生活在云南省西双版纳傣族自治州的亚洲象突然向北迁徙，不断靠近人口密集地区，象群在长途跋涉1 300多千米后，终于顺利回家。罕见的野生动物迁徙、神秘迁徙的原因及迁徙过程中的人象关系引发全球热议，"吸引了全球3 000多家媒体的关注，67万条相关报道传到全球190多个国家和地区的受众，全网阅读量超过110亿次"。① 在油管平台上相关视频下方评论区，随处可见海外网友对象群的喜爱和关心，"野性"（wild）、"美丽"（beautiful）、"可爱"（cute/adorable）成为评论区的高频词汇。② 除了引发诸多积极的舆论反馈，这一独特的"中国故事"也让许多海外网友摘下"有色眼镜"，认识到中国这几年来在恢复生态环境和野生动物保护方面做出的巨大努力。同时，中国在追踪保护象群过程中体现出的科技和经济实力也获得了各国媒体的赞扬，"象群北迁"的对外传播"让世人看到了一个疆域辽阔、生物多样、资源丰富、文明友善、真实、立体、可爱的中国形象"。③

  "象群北迁"对外传播的成功，在于其有意淡化了意识形态和文化背景的差异，以人类命运共同体的理念，关注人类共同诉求，

---

① 涂恬：《2021—2022中华文化国际传播十大案例》发布，http：//cn. chinadaily. com. cn/a/202205/31/WS62958e8ca3101c3ee7ad8156. html? ivk_ sa=1023197a，2022年5月31日。
② 温志宏：《从中国经验到世界语境：象群北迁的国际传播启示》，《对外传播》2022年第3期。
③ 涂恬：《2021—2022中华文化国际传播十大案例》发布，http：//cn. chinadaily. com. cn/a/202205/31/WS62958e8ca3101c3ee7ad8156. html? ivk_ sa=1023197a，2022年5月31日。

将中国故事嵌入世界共同语境下，把中国发展与世界共同进步联系起来，积极寻找国际公众情感共振点，让世界读懂中国。进入21世纪，环境污染、生态破坏、野生动物灭绝等环境问题成为全球普遍议题，野象迁徙让人们在感叹自然的可爱生机之外，也重新思考人类和自然的关系，而中国政府在追踪保护象群中体现出的专业性和责任感与人类保护生态环境的价值观高度契合，因而引发网友的大量支持。此外，象群迁徙过程中大象围绕小象睡觉的画面，象群与人类和谐相处的画面，直接引发了网友的情感共鸣，这些画面给全世界的观众带来了情感上的治愈，一个真实、可爱、富有人文关怀气息的中国形象便在无形中树立起来了。

二、传播形式：短视频引发跨文化共鸣

随着移动通信技术的发展与智能手机的普及，短视频近年来在国内外媒体中愈加活跃。国际传播中对短视频的应用愈发频繁，在快节奏、碎片化的现代社会，短视频不仅契合了互联网时代信息碎片化传播的特征，迎合了简短且高效的阅读需求，还成为人们打发时间、放松心情的首选，逐渐代替图文传播成为目前最受欢迎的信息传播方式之一。视觉符号较文字而言属于"低语境"话语体系，更易于使不同文化背景的受众达成共识。① 通过视觉符号和听觉语言的配合，以视频形式传播的信息将更加直观与生动，可以减少对外传播过程中的障碍和误解，降低受众的理解门槛，为不同文化背景环境下的传播营造更为广泛的共通意义空间。

---

① 董媛媛、田晨：《社交媒体时代短视频传播与国家形象建构》，《当代传播》2018年第3期。

美国学者爱德华·T. 霍尔（Edward T. Hall）在《超越文化》一书中提出文化具有"语境性"，并将语境分为高语境（High Context）和低语境（Low Context）。中国属于高语境文化，其交流信息更多地体现在于交流背景中，而西方文化属于低语境文化，大部分信息处在传递的信息中，这种高低语境文化的差异，使得双方在编码、解码的过程中不可避免地产生偏差或误读。而短视频则将抽象文化具象化，减少了编码和解码过程中的损失，在潜移默化中加深了海外网友对中国文化的认同和理解。

以头部"网红"博主李子柒为例，她的视频中语言对话很少，在营造自然、静谧的氛围之外，也给了观众充分的想象空间；同时以日常生活为切入点，将四时、节气、服饰、传统工艺等中国元素巧妙地融入其中，既满足了网友的审美需求，也以润物细无声的方式传播着中国传统文化；她与奶奶、与乡邻相处的画面，让整个视频的情感层次更加丰富，也更容易打动受众。

第三节 受众视角影响传播效果

仅从传播主体、传播内容和形式看传播效果，易陷入将我国的相关内容传播出去就达到了一定的传播效果的误区。事实上，国际传播效果是一个复杂的概念，具有多个维度和多个层级。在国际传播效果研究中，通常存在下列几个误区：覆盖即效果、触达即效果、规模即效果、互动即效果。[①] 这说明在国际传播中，传播效果

---

① 李宇：《国际传播效果研究的理论、方法与路径》，《国际传播》2022年第1期。

类型多样，针对不同的对象具有不同的定义和评估模式。

本节针对受众来看传播效果。受众-效果型，从受众的角度切入，通过考察受众的"接触-认知-心理-行为"等系列活动，来评估传播效果。① 在泛媒介时代，受众通过多种途径和方式接触到国际信息，形成对社会的认知，在与传统的认知框架碰撞或融合中会产生抵触或者接受的心理，并在社交媒体上通过评价、评论、转发等行为展现出来。通过推特文本我们能够看到网民的认知和心理，即传播效果。本节重点对网民文本传播中产生的问题进行分析，为后文国家形象的建构和优化路径提供思路。

一、利益视角：短期利益视角影响传播理念理解

当今世界正在发生前所未有的利益重新组合，即利益重构。主要体现在各个国际行为主体之间随着全球市场的变化在贸易和投资往来中发生着经济利益的重构；国家行为体和非国家行为体在社会性、跨国性和全球性的安全问题上发生着安全利益的重构；各种跨国行为体的各种社会要素的流动带来社会利益的重构。② 国际利益更趋复杂，深刻影响着国家安全和国际关系。西方国家受国家体制的影响长期以短期利益的视角判断经济政策的利弊，而我国基于长期利益的角度提出了"一带一路"倡议，两者思考问题的差异影响了其对我国倡议的理解。

关于"一带一路"倡议，不乏一些诋毁的声音，例如，网友

---

① 刘燕南、刘双：《国际传播效果评估指标体系建构：框架、方法与问题》，《现代传播》2018 年第 8 期。
② 黄仁伟：《当代国际关系中的利益和价值重构》，《国际观察》2013 年第 6 期。

M1 认为："Unmasking China's neo-colonialism via debt traps aka 'belt and road initiative' in Africa"（中国在非洲的"一带一路"倡议是在进行新型的殖民主义），但大多数网民对此能够保持理性，如网友 D3 评论："试想一下：没有中国的'一带一路'，欧美国家想过去帮助非洲及其他落后国家吗？never，有的只是战争、征服、颠覆他国政府、通过 NGO（非政府组织）资金控制他国政治生态。"

面对相关问题，我们应明白，短期利益视角的影响对于我国各种理念的传播产生阻碍，这不是一时的宣传可以完成的，而是需要长期的不断传播，需要用长期发展的结果证明我国的发展理念是长远的，有利于世界人民的。

二、文化视角：文化语境差异影响传播交流

目前，世界多极化、经济全球化、社会信息化与文化多样化逐渐发展，各国之间的联系与依存日益加深，人类命运休戚与共。费孝通对中华文化的历史与未来进行了纵深思考，在晚年提出了"文化自觉"的概念和"各美其美、美人之美、美美与共、天下大同"的十六字箴言。[①] 在文化方面，费孝通的理论具有重要意义，在文化接触中要意识到"各美其美"，各自文化具有不同和差异，要能够"美人之美、美美与共"，在尊重彼此的差异中进行各种交流，最终达到天下大同。各国家之间的文化是具有差异的，彼此之间的差异影响了传播中人们对不同观念的理解。

网友 B2 也基于文化的角度对"一带一路"提出了新的理解，

---

① 黄湄、徐平：《从"天下大同"到"人类命运共同体"——费孝通"文化自觉"的新时代回声》，《中南民族大学学报（人文社会科学版）》2021 年第 5 期。

他回复网友 G："中国象棋是点和线，例如，'一带一路'。国际象棋是方块与空间，例如，印太区域。"这种理解的联系具有一定文化意义，但是其事实性和正确性是否存在偏差还需要论证。

近年来，西方的文化节日远渡重洋，成为中国的新节日。网友 J 提到中国网民过的"洋节"并不如传统节日："那些年我们一起过的'洋节'……其实都是'愚人节'。春节、清明节、端午节、中秋节等传统，是我们珍贵的文化遗产，闪耀着中国文化独特、优美而神秘的光芒，足以让中华民族为之自豪！这些西方文化，与中国文化毫不搭界，凭空挪过来显得十分不伦不类……罗马神话中的爱神丘比特形象经常出现在情人节相关物品中。"这说明文化在交流中存在彼此的差异，一味照搬，则说明并没有理解节日本身的重要意义。

新媒体的发展带来新的文化交流。抖音的视频和运作形式也逐渐走出国门。如网友 Z1 认为"张同学引爆抖音、大猛子火遍'B 站'：流量密码叫'人间烟火气'"，张同学是生活在中国农村的一位农民，其接地气的拍摄内容和专业的拍摄方式获得了海外网友的关注。网友 T2 谈道："另外一种类型的中国农村短视频叙事正在迅速崛起，一个叫'张同学'的辽宁营口人正在抢占注意力，重新开辟了一条与李子柒风格迥异的新赛道。"也有人关注到新的运作方式，网友 Y 说："Factbox-'Oh my God, buy it!'How livestream shopping works in China."（新闻：'天呐！买吧！'直播购物在中国是如何运作的。）

海外网友的这些关注只是出于对我国的好奇，而对我国农村的丰富故事和新媒体的运作方式则缺乏十分深度的了解，这就需要我们深度地讲述故事，站在文化交流的角度进行内容叙事。

三、社会视角：舆论引导影响传播关注焦点

当前，整个资本主义和帝国主义体系经济、政治、文化、军事领域形成各种同盟和霸权关系，最终形成以美国为首的七国集团、北约、五眼联盟、美国-欧盟同盟国群体等，除此之外，通过双边联盟条约形成了包括日本、韩国、澳大利亚、菲律宾等国的军事盟友。这些同盟打造了以西方的普世价值观为主导的文化霸权，形成了具有主导地位的国际舆论霸权。① 西方发达国家主导着全球舆论市场，在海外社交媒体场域中，西方政客和媒体在固有的偏见和意识形态影响下通过内外渗透，操纵网民对事件关注的焦点，影响传播路径和理解方式，从而影响了传播效果。

"中国威胁论"的产生是西方舆论霸权直接的体现，是西方霸权逻辑下产生的结果。"中国威胁论"认为中国的发展会造成极大的威胁，对华敌意十分明显，歪曲抹黑中国，影响中国对外传播的正面效果。网友 X1 评论网友 F1 和网友 S5："我们都在假定，一切策略都必须有假设，然后去论证是否成立。如果中国的经济影响力，和海军实力都在东亚区域超过美军，加上中国推行的'一带一路'倡议，我认为这个假设就很有可能成立。"此类网民是典型的以美国为中心的思想，其对我国产生了负面的认知，使得与我国相关的负面信息不断延伸。网友 W 回复网友 D4："他们根本不是在关心中国新疆地区人民的劳动情况，他们是在关心中国政府'一带一路'倡议的推进情况。要阻碍'一带一路'倡议的推进，搞乱

---

① 晏钢：《提升中国国际舆论引导力的"和合"方略》，《传媒观察》2022 年第 1 期。

新疆是至关重要的，这才是美国政客最关心的。因为'一带一路'倡议对动摇美元霸权的作用太大了。"这部分则网民意识到美国在舆论霸权中的控制操纵行为，看透了美国的本质目的。我们可以对此类网民文本进行延伸，以集合群众之力应对"中国威胁论"。在国际中，舆论的进一步影响就是经贸的投资，要及时应对，化解负面的舆论，掌握话语权，强化"自塑"的能力。

第四节 传播效果对建构中国形象策略的启示

前面所述的三方面所引发的不同传播效果对今后有针对性地进行对外传播，建构中国形象，能起到启示性作用。

一、建构主体：多元协同建构中国形象

建构主义理论认为，国家形象并不完全由国家主体塑造而成，而是国家在国际话语空间中通过交往和互动，由媒介等渠道传递信息，形成共有观念或共有认知，国家形象就是该传播过程的产物。[1]

来华旅游或留学的外国民众及中国海外留学生是中国形象传播的"桥梁"建构主体。习近平总书记曾表示："希望广大留学人员充分发挥自身优势，加强内引外联、牵线搭桥，当好促进中外友好交流的民间大使，多用外国民众听得到、听得懂、听得进的途径和方式，讲述好中国故事，传播好中国声音，让世界对中国多一分理

---

[1] 宫月晴：《中国品牌建构国家形象作用机制研究——基于"一带一路"沿线消费者深访的研究》，《现代传播》2019年第10期。

解、多一分支持。"①政府可与民间联动,与中国海外社交媒体平台合作,举行"外国人体验中国""生活在中国的一天""离开中国以后有多想念中国"等类似主题拍摄活动,以短视频形式传递中国符号。

零散的网民言论如散沙,散沙只有抱团成堆,形成具有黏合力的混凝土,才能成就高楼大厦;网民言论只有成为具有影响力的舆论,才能发挥作用。陈力丹在《舆论学——舆论导向研究》中把舆论定义为:公众关于现实社会及社会中的各种现象、问题所表达的信念、态度、意见和情绪表现的总和,具有相对一致性、强烈程度和持续性,对社会发展及有关事态的进程产生影响,其中混杂着理智和非理智的成分。② 由此可知,舆论所具有的相对一致性、强烈程度和持续性,是其产生影响力的原因;而要形成具有影响力的舆论,需要建立多渠道的意见平台,以便聚"沙"成"塔"。

民众与非政府组织团体也是建构中国形象具有较大影响力的主体,既可以"走出去",也可以"引进来"。要积极"走出去",例如,国际巨星、社会精英人士走出国门,以人际交往、社会活动、外事活动等形式实现交流;具有国际影响力的组织团体在国外参加各种商业或公益性活动。他们可以与国外公众进行最近距离的接触,也能被国外媒体关注,可以借助国外媒体进行适当传播,亦可通过自媒体传播自己所参加的各种活动,展现中国形象。"引进

---

① 《习近平在欧美同学会成立一百周年庆祝大会上的讲话》,中国政府网,2013 年 10 月 21 日。
② 陈力丹:《舆论学——舆论导向研究》,北京:中国广播电视出版社,1999。

来"，则可邀请国外影响力大的个人、团体组织进入我国，让他们实地考察、参观，并参与我国活动交流中，使他们获得切身体验，并自然地把这种体验传播出去。

二、形象定位：官方发挥带头作用

官方媒体在平台建设、受众数量、传播范围、权威性等方面有着无与伦比的传播优势，因而官方媒体在国家形象建构方面要充分发挥带头作用。官方媒体可考察海外受众对中国的信息需求，设好议程，讲好中国故事，传播中国符号，建构起真实、立体、全面的中国形象。

习近平总书记为塑造富有特色的新时代中国国家形象指明了路径，搭建了顶层架构。他提出要重点展示中国历史底蕴深厚、各民族多元一体、文化多样和谐的文明大国形象，政治清明、经济发展、文化繁荣、社会稳定、人民团结、山河秀美的东方大国形象，坚持和平发展、促进共同发展、维护国际公平正义、为人类作出贡献的负责任大国形象，对外更加开放、更加具有亲和力、充满希望、充满活力的社会主义大国形象。[①] 他还提出要向世界展现真实、立体、全面的中国；以及要把握好基调，既开放自信也谦逊谦和，努力塑造可信、可爱、可敬的中国形象。[②] 习近平总书记提出的"文明大国""东方大国""负责任大国""社会主义大国"，以及"真实、立体、全面""可信、可爱、可敬"都可作为塑造中国形象的形象定位。

---

① 习近平：《论党的宣传思想工作》，北京：中央文献出版社，2020。
② 习近平：《讲好中国故事，传播好中国声音》，求是网，2021年6月2日。

官方媒体在执行国家的顶层设计时，可发挥领头羊的作用，率先选取典型的中国故事，传播中国符号，以部分转喻成整体的中国形象。如官方媒体在国际上传播中国的政治、经济、文化、科技、社会现象时，难以穷尽所有，只能选取其中的一些，如"一带一路""汉服""航天工程"等，这些故事与符号成为中国形象的隐喻，与中国是部分与整体的关系，代表着中国整体。

官方顶层设计、官媒驱动、意见领袖引领、普通网民跟进，形成"大雁形"传播矩阵，朝着定位的中国形象协同传播，会形成有组织的规模效应。

三、传播内容：建设对外话语体系

当前，虽然我国在很多方面已取得突破性进展，但在外宣工作上，我国尚缺乏足够大的话语优势。西方国家利用绝对的话语霸权及英语国际通用的优势，在漫长的历史进程中已经影响了中国形象的构建。[①] 而我国尚未构建完善的对外话语体系，真正的"中国声音"仍须进一步传播。

不同文化之间会存在差异，但存在差异并不意味着不能沟通。孔子提出"君子和而不同，小人同而不和"。求"和"意味着既不消灭差异，又能保持差异的融合。汤一介将"和而不同"视为处理不同文化之间关系的一条基本原则。他认为，我们应该利用孔子"和而不同"的思想资源，使不同文化传统能在差别中相互融合，

[①] 张瑜、刘思雯：《评价理论视角下中国国家形象网络媒体话语建构——基于语料库的美国民众推特社交平台疫情话语分析》，《西部学刊》2021 年第 17 期。

交往与对话，在讨论中取得某种共识，得到共同的发展。①

如前所述，霍尔根据语境在文化中的突出倾向，将语境分为高语境与低语境两种。② 在高语境下，社会成员对符号的编码与解码较为复杂，对文化的理解能力要求较高。在低语境下，显性符码较多，理解较为容易。在国际社会中，中国是较为典型的高语境国家，西方国家则相反。在高语境国家的对外传播中，为取得好的传播效果，应注意将高语境表达方式向低语境表达方式转变。相较不同高低文化语境之间的传播，同等文化语境的传播方式更容易让人接受和认同。中国形象对于海外受众而言，是一种不同于"自己"文化语境的事物，因而会出现文化折扣现象。倘若传播信息时依然采用异文化语境的传播方式，会导致对方不理解本国文化的情况发生。但如果塑造中国形象时考虑运用他国文化语境的个体，采用自己母国文化语境的表述习惯，运用多视角融合及文化的接近性策略，就能够拉近与海外受众的距离。运用低语境文化的叙事方式，可以促进他们对中国形象和文化的理解。

对外传播的终极目的是实现传受双方相互理解与沟通。在对外传播中，传播主体要积极走出去，探索新形式、新方法，让世界听到更多自己的声音。因此，作为"传"的一方，我们要注重精准传播，注重因受众而定传播内容和传播形式，注重因文化而定传播话语，针对性地实施传播策略，尽可能地达到理想的传播效果。

---

① 汤一介：《文化发展要遵循"和而不同"的原则》，https：//www.sohu.com/a/588136074_121124762，2022年9月26日。
② 赵胤伶、曾绪：《高语境文化与低语境文化中的交际差异比较》，《西南科技大学学报》2009年第2期。

本 章 小 结

不同的传播主体建构中国形象的效果亦不同,官媒矩阵建构的是全面的中国形象,"网红"建构的是立体的中国形象,普通网民建构的是更加真实的中国形象。"软传播"议题更易引起全球关注,短视频形式更受欢迎。受众的短期利益视角会影响传播效果的达成,文化语境的差异会影响传播交流,舆论引导则会影响传播的关注焦点。

以效果为出发点进行交流与传播时,多元传播主体不能各自一盘散沙,而要多元协同、有组织地进行国家形象的塑造,并要基于科学的中国形象定位,结合西方低语境文化的叙事习惯,讲述海外受众更易理解、更易接受的中国故事。

第六章　海外社交媒体建构中国形象的优化路径

社交媒体的广泛普及为全球人民提供了了解全球信息的平台，也为我国国家形象塑造提供了新的场域。通过深入研究海外社交媒体，可以发现我国国家形象在海外塑造方面面临着新的语境，各种经济因素和政治因素影响着社交媒体上国家形象的塑造。海外社交媒体主体对国家形象的建构为我们在新的背景下优化建构中国国家形象提供了指导。

第一节　中国形象塑造的全新语境

当今，建构中国形象面临着社交媒体成为主流、经济实力不断提升、政治环境日趋复杂、全球文化交融频繁的全新语境。正视全新语境带来的机遇与挑战，能使中国形象的塑造更加有的放矢，效果更好。

一、媒介技术演变：社交媒体成为主流

在传统媒体的资源和渠道方面，依然是西方强国占据优势地位，我国的国际话语权受到限制。而发展正盛的新媒体正在搅动国际格局，建立在新媒体方面的优势地位对提高我国在国际传播格局

中的影响力、破除国际上对我国负面的刻板印象、展示正面的国家形象具有关键意义。并且，相较于单向的传统媒体及静态的文字和图片，高互动性的社交媒体及视听融合的传播形式更加生动、直观，为跨文化传播提供了更加便利的条件。

全球数据机构 DataReportal 等合作发布的数字化全球统计报告显示，2022 年初，全球互联网用户已达 49.5 亿人，互联网普及率占世界总人口的 62.5%，数据显示，互联网用户在过去一年中增长了 1.92 亿人，增长了 4.0%（实际增长数量可能远高于这些数据所显示的）。① 在过去 10 年中，社交媒体用户的增长速度甚至超过了互联网用户。今天的社交媒体用户总数为 46.2 亿人，是我们在 2012 年发布的 14.8 亿数字的约 3.1 倍，这意味着社交媒体用户在过去 10 年中以 12% 的复合年均增长率（Compound Annual Growth Rate，CAGR）增长（互联网的复合年均增长率为 8.6%）。最新数据表明，2021 年，有 4.24 亿个用户开始了他们的社交媒体之旅，相当于平均每天有超过 100 万个新用户，或每秒大约有 13.5 个新用户；社交媒体的每日平均使用时长为 2 小时 27 分钟，在所有互联网媒体时间中占比最大，占总数的 35%；互联网用户观看流媒体电视的平均时间每天增加 2 分钟，而我们观看广播电视的时间平均每天减少 6 分钟。该机构还作出预测，到 2022 年，全世界将花费超过 4 万亿小时使用社交媒体。② 毫无疑问，社交媒体在我们的日

---

① Kemp, S.（2022-01-26）. Digital 2022：Global Overview Report. https：//datareportal.com/reports/digital-2022-global-overview-report.
② Kemp, S.（2022-01-26）. Digital 2022：Time Spent Using Connected TECH Continues to Rise. https：//datareportal.com/reports/digital-2022-time-spent-with-connected-tech.

常生活中占据着核心地位。

社交媒体也成为大众获取信息的重要渠道,皮尤研究中心2021年的一项研究显示,48%的美国成年人表示他们"经常"或"有时"从社交媒体上获取新闻,超过一半的推特用户定期在网站上获取新闻。[①] 推特、脸谱网、油管等海外社交媒体成为各国媒体对外传播的必争之地。

二、经济实力:西强东弱到东升西降

1949年,中华人民共和国成立时,"满目萧条,百废待兴"。当时国民经济濒临崩溃,工业凋敝、农业萎缩、交通瘫痪、物价飞涨,人民生活困苦不堪。[②] 党的十一届三中全会提出把工作重心转移到经济建设上来、实行改革开放的历史性决策,"坚持改革开放是决定中国命运的一招",[③] 我们党立足中国国情和发展阶段,创造性地提出在社会主义条件下发展市场经济,创造性地建立起富有活力的社会主义市场经济体制。同时顺应经济全球化快速发展的趋势,打开国门搞建设,不断加快对外开放的步伐,先后创办经济特区,开放沿海城市,开辟沿海经济开放区,全面开放沿边内陆地区,加入世界贸易组织……对内改革、向外开放,解除了束缚、促

---

① Pew Research Center. (2021-09-20). News Consumption across Social Media in 2021. https://www.pewresearch.org/journalism/2021/09/20/news-consumption-across-social-media-in-2021/.
② 邱丽芳:《当惊世界殊——中国经济奇迹是如何创造的?》,http://www.xinhuanet.com/politics/2019-08/05/c_1124837244.htm,2019年8月5日。
③ 邓小平:《邓小平文选(第3卷)》,北京:人民出版社,1999。

进了我国生产力的发展。①

经过 70 多年的快速发展，我国经济创造了持续高速增长的奇迹。2009 年，我国成为全球货物贸易第一大出口国和第二大进口国；2010 年，我国 GDP 总量首次超过日本，成为全球第二大经济体，并且 GDP 仍持续稳步增长；2013 年，我国超越美国成为全球货物贸易第一大国，贸易大国地位日益巩固。② 党的十八大以来，我国经济发展平衡性、协调性、可持续性明显增强。③ 我国农业基础作用不断加强，工业主导地位迅速提升，服务业对经济社会的支撑效应日益突出，产业结构不断优化，三次产业发展趋于均衡。2018 年全球创新指数报告显示，中国从上一年第 22 名跃升至第 17 名，首次跻身全球创新指数 20 强行列。④ 有国际经济观察家敏锐注意到，创新指数的快速攀升是中国加快推动质量变革、效率变革、动力变革的一个重要反映，充分说明中国经济正在向高质量发展不断迈进。⑤ 2020 年以来一些结构性变化悄然发生，世界经济重心东移趋势日趋明显。⑥ 国际货币基金组织（IMF）总裁格奥尔基耶娃

---

① 邱丽芳：《当惊世界殊——中国经济奇迹是如何创造的?》，http：//www.xinhuanet.com/politics/2019-08/05/c_1124837244.htm，2019 年 8 月 5 日。
② 国家统计局综合司：《沧桑巨变七十载 民族复兴铸辉煌——新中国成立 70 周年经济社会发展成就系列报告之一》，http：//www.stats.gov.cn/tjsj/zxfb/201907/t20190701_1673407.html，2019 年 7 月 1 日。
③ 曹雅丽、林毅夫：《中国将势不可挡地成为世界经济中心》，《中国纪检监察》2021 年第 23 期。
④ 钱景童：《我国创新能力综合排名上升至世界第 12 位》，https：//news.cctv.com/2022/02/25/ARTINExCSGIGXKXO9kmRl7R6220225.shtml，2022 年 2 月 25 日。
⑤ 邱丽芳：《当惊世界殊——中国经济奇迹是如何创造的?》，http：//www.xinhuanet.com/politics/2019-08/05/c_1124837244.htm，2019 年 8 月 5 日。
⑥ 国际司：《世界经济重心东移趋势日显》，https：//www.ndrc.gov.cn/fggz/gjhz/zywj/202012/t20201210_1252509_ext.html，2020 年 12 月 10 日。

表示，中国是 2020 年全球唯一实现正增长的主要经济体。我国 2020 年国民经济稳定恢复，全年国内生产总值 1 015 986 亿元，历史上首次突破 100 万亿元。①

与此同时，作为全球治理的重要参与者、建设者和贡献者，中国积极推动共建"一带一路"高质量发展，为改善全球治理体系和促进全球共同发展持续注入新动能。② 世界多极化、经济全球化以及我国自身的迅猛发展使全球经济力量对比发生重大变化，随着我国经济实力的增强，国际地位和国际话语权也不断提升，国际力量对比呈现出"东升西降""南升北降"的趋势，国际权力重心日益由欧美地区向亚太地区转移。

三、政治境遇：国际关系错综复杂

当今世界处于百年未有之大变局，国际关系错综复杂，大国博弈激烈复杂，竞合关系持续深化，地区热点有增无减，政治思潮相互激荡，多边主义与全球治理备受冲击。

全球主要大国或国家集团之间的竞合关系处于深度调整期，各方都在积极推进或调整对外战略以应对新的国际局势。近年美国注重整合力量以聚焦主要战略对手，对外战略手段呈现意识形态化、同盟化、外部竞争内生化等显著特征。欧盟在巩固传统盟友关系和强化战略自主之间努力寻求动态平衡，俄罗斯在欧亚大陆地缘政治

---

① 《2020 年我国 GDP 增长 2.3%　首次突破百万亿元大关》，央视网，http：//news.cctv.com/2021/01/18/ARTIUMoCCHBtVHZRXIzdYMyI210118.shtml，2021 年 1 月 18 日。
② 王维平、陈雅：《"双循环"新发展格局释读——基于马克思主义政治经济学总体性视域》，《中国特色社会主义研究》2021 年第 1 期。

关键地区努力提升影响力，诸多中等强国或国家集团也在动态变化的国际体系中努力维护自身安全和发展利益。

一些西方国家固守冷战思维，热衷于在国际社会制造矛盾和分歧，挑起军事对抗。在东欧、中亚、中东、北非等地缘政治热点地区，暴力事件频发，军事冲突有所升级，严重危及地区安全稳定。在乌克兰问题上，相关各方的军事对峙持续加剧，甚至爆发了武装冲突。同时，随着无人机、人工智能等新技术日益广泛应用于军事领域，国际冲突的门槛大大降低，管控传统安全风险、危机和冲突的难度日益提升。

目前，全球经济复苏乏力，地缘政治冲突不断，激进主义重新抬头，民粹主义兴起。而个别西方国家霸权主义和强权政治愈加突出，不断强化军事同盟体系，大搞集团政治、阵营对抗，严重破坏全球治理体系，将世界推向失序和分裂。国际货币基金组织总裁格奥尔基耶娃认为，全球分裂为若干地缘政治和经济板块的风险日益加剧，全球治理的碎片化"可能会让我们完全无力应对其他全球性挑战，如气候变化带来的生存威胁"。①

当前的世界处于存量时代的冲突，新旧秩序交替的半失序状态，呈现大变局和再平衡的特征。西班牙政治分析家马诺洛·莫内雷说："一个普遍共识是，我们正处于时代转型中，其特点是美国霸权的衰落和新势力的出现，这些新势力在客观上质疑美国定义的秩序，我们正在向多极世界过渡。"② 大变局之中充满挑战，也催

---

① 柳丝：《俄乌冲突"世界冲击波"之政治篇——世界秩序深刻演变 美国霸权失道寡助》，http：//www.news.cn/2022-05/10/c_1128636323.htm，2022年5月10日。
② 同上。

生机遇。2012年11月，党的十八大就强调倡导"人类命运共同体"意识，习近平总书记从全人类前途命运出发，提出了"一带一路"倡议、全球发展倡议、全球安全倡议等一系列中国倡议，成为中国向世界提供的重要国际公共产品，为推动完善全球治理提供中国智慧和中国动力。我国扩大高水平对外开放、坚持和平发展、促进合作共赢、推动全球治理，体现了我国"负责任大国"的形象，使"中国传递信心，世界共享机遇"成为舆论主流。[1]

更值得关注的是，大国关系的组合和调整正在推动构筑分化世界的平行体系。近年来，美国加紧实施印太战略，对外挑起意识形态竞争，肆意推行脱钩、断供和制裁，极力打压其他国家发展势头和空间，将世界逐步推向中美各居一方、涉及领域广泛、交往相对受限的平行体系。这些征兆与苗头，易将世界推向失序和分裂，各国都要携手加以防范，积极构建人类命运共同体，共同推动国际体系演进回到合作共赢的正确轨道上来。

世界正处于百年未有之变局，变局之中充满挑战，也催生机遇。过去几年，全球经济下行压力加大，国际关系错综复杂，如何准确研判当前国际形势，利用好发展机遇并成功应对，努力开创中国大国外交的新局面，是摆在我们面前的重要命题。

四、文化交融：跨文化传播成为主旋律

随着全球化和国际经济贸易的日益深入，不同民族、国家的文

---

[1] 王丕屹：《驻华大使聚焦两会 中国传递信心 世界共享机遇》，http://lianghui.people.com.cn/2022npc/n1/2022/0310/c441810-32371086.html，2022年3月10日。

化不可避免地会相遇、冲突或交融。

　　文化为人们提供了思维方式——看、听、认识和解释世界的方式。与不同文化背景的人进行有效沟通非常具有挑战性，而这种交流困难甚至产生误解的原因除了语言障碍，文化风格的影响也是非常显著的因素。阿萨蒂（Asante）等人在《跨文化传播研究手册》（*Handbook of Intercultural Communication*）一书中认为，跨文化传播或是强调文化对话，寻求一种戈夫曼（Goffman）理论基础上自我的积极呈现，或是从文化批评主义的视角寻求一种超越文化障碍、优化交际或沟通的过程。[①] 在全球化语境下，跨文化传播呈现出繁荣的景象，经济与政治的力量亦使跨文化传播在不断的融合与不断的冲突中呈现螺旋式上升，引发出全球的文化冲突与寻求文化身份认同的潮流。

　　经济全球化以及通信技术的突飞猛进，使文化传播与媒介的结合日益紧密。新兴媒介技术为人们提供了重新看待彼此的可能，使"地球村"不再是幻想。社交媒体的出现与发展为中国形象的跨文化传播开辟了新的舆论空间。在跨文化传播的大趋势下，我们需要把握好社交媒体这一蓝海赛道，加强和改进国际传播工作，积极建构国家形象。

第二节　建构中国形象的优化路径

　　习近平总书记在中共中央政治局第十二次集体学习时强调，

[①] Asante, M., Newmark, E., & Blake, C. (1979). *Handbook of Intercultural Communication*. Beverly Hills, CA: Sage.

"要加强国际传播能力建设，精心构建对外话语体系，发挥好新兴媒体作用，增强对外话语的创造力、感召力、公信力，讲好中国故事，传播好中国声音，阐释好中国特色"。① 之后又在多个场合提及"讲好中国故事"的重要性。2016 年，习近平总书记在北京主持召开党的新闻舆论工作座谈会并发表重要讲话，强调"要加强国际传播能力建设，增强国际话语权，集中讲好中国故事，同时优化战略布局，着力打造具有较强国际影响的外宣旗舰媒体"。② 2021 年，中共中央政治局就加强我国国际传播能力建设进行第三十次集体学习，习近平总书记又指出，"讲好中国故事，传播好中国声音，展示真实、立体、全面的中国，是加强我国国际传播能力建设的重要任务。要深刻认识新形势下加强和改进国际传播工作的重要性和必要性，下大气力加强国际传播能力建设，形成同我国综合国力和国际地位相匹配的国际话语权，为我国改革发展稳定营造有利外部舆论环境，为推动构建人类命运共同体作出积极贡献"。③

社交媒体的开放性和便捷性有助于我国自主塑造良好的国家形象，但同时，社交媒体的用户复杂性，也容易带来负面舆论的潜在威胁，其后果比传统媒体时代更加显著。

---

① 吴丽娜、黄玥：《"平语"近人——习近平如何指导宣传思想工作》，http：//www.xinhuanet.com//politics/2016-02/20/c_ 128730682.htm，2016 年 2 月 20 日。
② 李斌、霍小光：《习近平：坚持正确方向创新方法手段　提高新闻舆论传播力引导力》，http：//www.xinhuanet.com//politics/201602/19/c_ 1118102868.htm，2016 年 2 月 19 日。
③ 袁勃、赵欣悦：《讲好中国故事，传播好中国声音，展示真实、立体、全面的中国（习近平讲故事）》，http：//politics.people.com.cn/n1/2021/1230/c1001-32320134.html，2021 年 12 月 30 日。

一、增强系统传播思维、全民外交意识

在社交媒体时代，塑造中国国家形象要有系统传播的思维和全民外交意识。

当前的社交媒体传播仍是"各自为营"，尚未形成系统的合力。传播主体单兵作战，缺乏协同。传播内容不够全面，如网民们主要倾向于传播日常生活方面的内容，缺少政治、经济方面的内容，传播话语未完全符合国外用户的接受心理，甚至有的语句粗俗，不合语法规范等。

对外传播时要有系统思维，要将国家形象的建构纳入传播全过程视野。一是注重全面系统，要覆盖传播的整个过程，从传播主体、传播内容、传播受众、传播效果等方面全覆盖。二是注重传播的环环相扣，注重从理论到实践、从实践到理论的逻辑回环。习近平总书记在中共中央政治局第十三次集体学习时强调，要加快建构中国话语和中国叙事体系，用中国理论阐释中国实践，用中国实践升华中国理论，打造融通中外的新概念、新范畴、新表述，更加充分、更加鲜明地展现中国故事及其背后的思想力量和精神力量。[①] 对外传播的理论体系需要在实践中不断建立，在实践中不断提升。

此外，在社交媒体上，每个人都能够发声，每个网民都能成为传播国家形象的主体。我国公民要提高媒介素养和外交意识，增强塑造国家形象的责任感，具备自律意识和底线意识。意识到自己代表的就是中国形象，自己就是一张"外交名片"，要主动自觉地以

---

① 朱延静：《习近平：讲好中国故事，传播好中国声音》，https://www.chinanews.com.cn/gn/2021/06-03/9491450.shtml，2021年6月3日。

国家的集体利益为前提，避免在海外社交媒体平台上发布充斥个人极端情绪的言论、虚假信息等推文，而影响国家的形象。驻外人员、留学生、海外华人华侨也应发挥积极作用，以国际视角讲述自己熟悉的中国故事。文艺体育界的名人、明星以及具有一定粉丝量的自媒体意见领袖也要正确运用自身影响力，积极传播正能量内容，维护好国家形象，使其不受损害。发挥我国自媒体的力量，发布海外受众更容易接受的内容，让中国亲切生动的形象深入人心。

二、多元主体协同：官方与民间联动、自我与"他者"兼具

纵观目前的海外社交媒体传播现状，中国形象的建构仍处于官媒与民间自媒体"各自为政"的状况，双方的沟通与交流仍须进一步加深，否则就容易自说自话，在自己那方取得了一定的效果，却没有形成具有强大凝聚力的对外"合力"，当遇到争议性事件时，容易各执己见而正中他国"下怀"。此外，在对外传播时，官媒与海外受众心理距离仍须进一步拉近，话语应当更加亲民，避免因话语过于"官方"而在重大问题上引起对方反感。因此，传播主体间需要交流互动，要学会考虑、把握海外受众心理。

（一）官方与民间联动

在当今的国际竞争中，国际传播能力体现着一个国家的综合实力。当前，中国在全球经济和政治中有重要的地位，作为全球第二大经济体和联合国安理会五大常任理事国之一，对外传播的资源和能力仍有很大的提升空间，国外民众依然主要通过西方媒体了解中国。奉行文化帝国主义的西方国家，不断输出西方的文化与意识形

态,中国与之相比有着信息传播能力不对等的劣势。① 尽管我国已经有一些官方媒体在推特、脸谱网、油管等海外社交媒体上开设了官方账号,但国外的管控和封锁,以及仍需改进的宣传方式,易引起部分海外受众的质疑、抵触甚至逆反心理,因此中国国家形象的传播要顺应新媒体的开放性、互动性,打造政府官方和民间力量共同参与、互相补充的全面传播格局。

官方媒体需要发挥好主导作用,把握外宣大方向,应该夯实顶层设计,制定完善的传播战略,进行与时俱进、高效的国家形象建构。与此同时,在国际传播与国家形象的传播中,自媒体与民间声音是不可或缺的一部分。自媒体建构国家宏观形象化约到群体,最后化约到个人,因而是个体主义的、充满个性化的。② 自媒体的有效介入能为国家形象的传播增添更多的实现途径和渠道,有利于构建更加自如、亲和的国家形象。③ 因此,除了国家宏大叙事,也要注重个人的微观叙事,让国家形象更加多元立体、有血有肉、真实生动。此外,官媒可加强与意见领袖、普通网民的互动,将党的路线、方针、政策,以及政治意识、大国意识、责任意识潜移默化地传达到意见领袖和普通网民心中,又自然地落实在他们的社交媒体传播中,如此官方媒体、意见领袖、网民个人之间的多元主体协同合力得以形成,对外传播时也容易"口径一致",不再出现各执己见的局面。

---

① 胡开宝、张晨夏:《中国当代外交话语核心概念对外传播的现状、问题与策略》,《浙江大学学报(人文社会科学版)》2021 年第 5 期。
② 张爱军:《自媒体视阈下国家形象的个性化建构》,《探索》2022 年第 1 期。
③ 薛晓君:《中国国家形象的自媒体艺术传播》,《传媒》2016 年第 6 期。

（二）自我与"他者"兼具

在跨文化传播的过程中，由于存在文化环境的差异，传者应该遵循"内外有别"的理念，不能仅以自我的视角为参照标准，根据自己的文化模式对信息进行编码。受众是积极、能动的，在面对信息时存在选择性心理，所以想要在跨文化传播中有效地传送给另一文化环境中的受众，就需要传者站在受者的角度上思考问题，准确把握他们的文化特点和文化心理，在文化上寻求亲近性，缩短与受众的距离。

海外社交平台并非我国的主场，我国受到的限制仍然较多，与海外受众之间存在隔阂也是难以避免的。"单打独斗"难以实现突破，我们要利用好"他者"视角，加强与国外的合作。一是对外传播时应考虑海外受众的心理，用网民喜闻乐见的形式讲述中国故事，从而展示多元、开放、亲切、积极向上的中国形象，让外宣"软着陆"，以拉近与海外受众的距离进而消除曲解现象。例如，李子柒、"周六野""拜托了小翔哥"等视频博主，他们创作的视频翻译后发布在海外社交媒体上，展现了中国的文化、中国人民的日常生活状态和有趣的性格，以一种灵活又生动的方式讲述了中国故事。李子柒的个人频道在油管上的订阅用户人数很高，她在视频中传播的中国美食文化和田园生活拥有巨大的海外影响力，为中国国家形象的传播做出了积极的贡献。二是可以吸纳海外留学生与外国意见领袖亲身参与中国事件或活动，通过他们的自媒体表达个人感受及对中国的真实印象，客观、真实地展现真正的中国形象。例如，在油管上坐拥千万粉丝的美国顶流美妆博主Jeffree Star发布了一支测评国货彩妆品牌"花西子"的视频，大大提高了花西子的知名度，甚至使其一度在 2021 年"黑色星期五"期间卖断货,在海外成为爆款。①

总之,官方媒体、意见领袖、普通网民不能"自说自话",多方之间要有交流与合作,要既有官媒的顶层设计,又有意见领袖的引导和跟进,还有普通网民的全面开花。同时要考虑受众心理,邀请海外友人体验真实的中国,传播真实的中国。只有多方协同发力,才能将一盘散沙,变成有组织的凝聚力行为,才能共同讲好中国故事。

三、形象内涵:全方位打造立体中国,讲好中国故事

互联网技术的发展形塑了新的国际传播生态,社交媒体平台成为国际话语争夺的重要舆论阵地。改进国际传播工作、提升国家形象、为我国改革发展稳定营造有利外部舆论环境,是一项环环相扣的系统工程。首先,在海外社交媒体上,官方媒体、主流媒体、国内外的普通网民和意见领袖都是非常重要的主体,他们从不同方向提供不同类型的信息。其次,在建构国家形象时,内容要多元全面,并且要贴近海外受众,尽力消除跨文化传播的阻力。渠道、主体、内容、传播效果环环相扣,每一个环节都发挥着作用,每一个环节都应考虑在内。最后,塑造正面的国家形象,加强国际传播能力建设,形成同我国国际地位和综合国力相匹配的国际话语权。②

(一)多元议题、多方式立体传播

文字、图片、新闻、视频、娱乐性电影等都影响着国家形象的

---

① 腾讯网:《营销洞察 | 国外顶流"自来水"J 姐测评,花西子海外流量暴涨到黑五水平》,https://new.qq.com/omn/20220208/20220208A08PK700.html,2022 年 2 月 8 日。
② 习近平:《加强和改进国际传播工作 展示真实立体全面的中国》,《经济导刊》2021 年第 5 期。

传播。自媒体对于国家形象的建构具有实体性和微观性意义，国家形象往往以具体的叙事形态渗入人们的日常生活。以官方立场来传播国家的、整体的形象，其效果往往不如"润物细无声"式的日常生活建构和娱乐建构。文化、艺术、体育等娱乐性内容，与政治、经济、社会等严肃内容相补充，从不同的维度建构国家形象，为中国形象的多角度表达提供了更广阔的空间。

"立体传播"指使用多媒介的传播方式、开展多元化的传播活动将信息分层次地传递到目标受众中去。"国家形象的立体传播"是用立体传播的思路有效传递国家形象，让人们更全面、更深入地认知国家形象。由于构成国家形象的信息元素是复杂多样的（包括文字、感官、言语、行为、象征符号、理念等），只有通过整合传播与营销的思路，才能将国家形象立体地扎根于受众的脑海之中。[1]

除了新闻传播的方式，在海外社交媒体上要顺应其开放性和互动性，注重开展多种多样的传播活动，具备营销和公关的意识。旅游广告、国家宣传片、文化纪录片等影像是传播国家形象非常直观的形式，有助于提升吸引力。例如，美食纪录片《舌尖上的中国》，译名为"A Bite of China"，它不仅展现了一幅地大物博的美食地图，而且发掘出了食物背后的文化个性与民族特色，不仅在国内广受好评，在亚洲华语圈甚至是欧美地区也引发了广泛关注。

活动营销作为一种公关方式与市场推广手段，近年来在国家形象宣传中应用极为广泛。活动营销往往通过策划、组织一些能够产

---

[1] 范红:《国家形象的多维塑造与传播策略》，《清华大学学报（哲学社会科学版）》2013年第2期。

生较大社会影响、能够吸引眼球、具有新闻价值的大型活动来实现。① 例如，2008年北京奥运会、2022年北京冬奥会这两项国际体育赛事，通过展示一流的设施和服务、志愿者的微笑、中国体育健儿的拼搏、全体国民的热情好客，在短时间内实现了国家形象的改善。2022年北京冬奥会的吉祥物"冰墩墩"爆红，许多国外运动员纷纷在自己的社交媒体上表达对"冰墩墩"的喜爱，人人都爱的"冰墩墩"展示了可爱可亲、生机勃勃的中国形象。"此刻的中国，用憨态可掬的'冰墩墩'表达了创造非凡、探索未来的自信，传递团结互助的友好信号，展示以和为贵、热情好客的民族品格。"②

除此之外，危机公关、口碑营销也是对外传播中的重要方式。能将危机扼杀在摇篮里是最理想的。倘若缺乏危机意识，预警没做好，出现了负面舆情，则要非常及时地处理舆情危机，调动官方媒体、意见领袖、普通网民联动出阵，一起扭转对中国形象不利的局面。而对中国形象的正面传播，则要运用社交媒体的点赞、留言和转发功能，进行"口碑营销"，将反映正面中国形象的社交媒体信息传播出去，扩大其影响力，产生裂变效应。

（二）彰显文化底蕴，以文化人

相较于政治、经济各种要素，文化往往更具迷人的魅力，也更能凸显我国的特色。文化具有极强的渗透性，它可以存在于各种外

---

① 范红：《国家形象的多维塑造与传播策略》，《清华大学学报（哲学社会科学版）》2013年第2期。
② 杨蓉：《"冰墩墩"走红 中国文创传递爱与美》，https://export.shobserver.com/baijiahao/html/450215.html，2022年2月9日。

显和内隐的事物中，不断影响着人们的思维习惯和精神世界，于人于物都起到了"润物细无声"的作用。我国独特的文化造就了我国国家形象的鲜明特点，并成为我国形象中最具标示性的元素。我国作为世界四大文明古国之一，历史源远流长，数千年的发展孕育了我国深厚的文化底蕴。我国历史上出现的各种文化现象经过岁月的冲刷和累积、剔除和补充，越发璀璨夺目，成为我国文化的瑰宝和精华，内涵博大精深，极富民族特色。

目前，海外社交媒体上有关中国的议题多集中在经济和政治领域，"'一带一路'倡议"相关内容的数量更是远超其他话题。中国是一个历史悠久的文化大国，然而中国文化在海外社交媒体上的关注度、讨论度和知名度仍有待提升。面对这种情况，我们需要加大文化传播的力度，努力做到以文化感化人心，引起共鸣。

首先，在海外社交媒体上，我们要大力弘扬中华优秀传统文化。中华优秀传统文化是中华民族的根和魂，是涵养社会主义核心价值观的重要源泉，[1] 也是我们最深厚的文化软实力。习近平总书记指出："中华文化渗透到中国人的骨髓里，是文化的 DNA。"[2] 并在联合国教科文组织总部演讲时提出："让收藏在博物馆里的文物、陈列在广阔大地上的遗产、书写在古籍里的文字都活起来。"[3]《中共中央关于党的百年奋斗重大成就和历史经验的决议》也指出：

---

[1] 李凯、亓光勇:《新时代传承中华优秀传统文化的价值探析》,《新疆社科论坛》2017年第6期。
[2] 甘学荣:《从中华优秀传统文化中汲取营养和智慧（专题深思）》,《人民日报》2021年12月9日。
[3] 习近平:《习近平在联合国教科文组织总部的演讲》, http://www.xinhua-net.com/politics/2014-03/28/c-119982831.htm，2021年8月16日。

"中华优秀传统文化是中华民族的突出优势,是我们在世界文化激荡中站稳脚跟的根基,必须结合新的时代条件传承和弘扬好。"①我们要依据国家和社会的新进步、新进展,对中华优秀传统文化推陈出新,对其内涵进行补充、拓展和完善,增强其影响力和感化力,构筑中国力量、中国价值、中国精神,增强文化自觉和文化自信,提高国家文化软实力,提升中华优秀传统文化的国际影响力。

儒家文化对我国影响深远,"仁、义、礼、智、信"的价值观至今仍不过时,"天人合一""和为贵""和而不同"等智慧在当今时代仍具有指导意义。儒家文化包含终极信仰的人文精神,以人为本位。儒家文化还主张宽容、平和、兼收并蓄、吸纳众流,主张会通、综合、整体、融摄,这种文化观念是极为宏阔而适于世界性的。②我们要弘扬儒家文化中的"和谐"观和"诚信"观,将"爱好和平""平等合作""诚实守信"的思想展示给世界,改善我国形象,提高我国声誉。除此之外,我国还有诗词歌赋、历史文物、名胜古迹、民俗风情、传统手工艺、非物质文化遗产等丰富的文化宝藏,这些资源也应该被充分利用,官方组织或民间可自发地在社交媒体上进行相关话题的传播。还可以合理挖掘、开发传统文化IP,让海外用户更直接、更深入地了解、体会中国传统文化的魅力。

其次,中国当代文化也值得向全世界展示。许多海外民众对中

---

① 姜玉峰:《传承和弘扬好中华优秀传统文化》,http://ent.people.com.cn/n1/2021/1230/c1012-32320372.html,2021年12月30日。
② 胡芳:《文以载道 文以化人——郭齐勇先生主讲〈儒家文化的精神及其现代意义〉》,https://m.thepaper.cn/baijiahao_13644690,2021年7月19日。

国的印象仅仅停留在中餐、中医、武术、长城等中国传统元素上，我们建构中国形象必须与时俱进。我们要传承和创新优秀传统文化，加强当代文化的建设，提高当代的文学、艺术、影视作品及新时代的新生活、新观念、社会新面貌等的曝光度。同时，还可以开辟一些符合国外受众口味的专题栏目，通过丰富的内容、优良的制作和趣味的表达将我国的文化扩散开来。

四、活用传播技巧：扩大影响力

善用传播技巧，既能产生好的传播效果，又能扩大中国形象在国际上的影响力，增强受众对中国形象的认同度。

（一）及时回应，主动设置议程和引导舆论

许多国外媒体针对中国的恶意抹黑从未停止，如将新冠肺炎疫情之源头甩锅给中国；再有英国广播公司关于新疆的报道颠倒是非、歪曲事实，称中国"强制劳动""侵犯人权""搞种族灭绝"。对此，中国国际电视台（CGTN）专门开设了"Facts Tell（讲事实）""CGTN Special：Fighting Terrorism in Xinjiang（CGTN 特辑：新疆反恐）"等专栏，对造谣、攻击中国的言论进行澄清和回应，对相关话题进行了全面、深度的剖析。面对国外媒体在政治、人权、民族、宗教、环境等领域对中国的负面报道，不管是官方媒体还是自媒体，都要及时回应和澄清，争取舆论引导的主动权。

总之，我们不能一直被动地回应国际对我们造成的负面舆情，而要把主动权抓在手里，要积极主动地进行议程设置，推动我国的成就、文化、特色广泛传播，积极制造各种重要议题，抢占海外社交媒体的舆论高地。

（二）打造传播品牌，深挖 IP 价值

当前国际传播格局竞争激烈，要想突出重围，掌握主动权，就必须具有鲜明的特色。

媒体机构需要结合自身定位和调性，确定具有高辨识度的商标（logo），将品牌商标放在封面及视频中显眼的位置，打造统一的品牌标识，在国际受众中形成鲜明的品牌认知和印象，也可以防止被抄袭，保护原创版权。媒体更要有自己的特色栏目或者独家报道，提供独特的、高质量的内容，才能吸引海外的网民。

自媒体要注重打造个人 IP，突出个人风格，例如，李子柒、"拜托了小翔哥""华农兄弟""手工耿"等知名博主，他们既展示了自己的才能和个性，又将中国的文化、中国人民的精神风貌自然而然地传播了出去。

（三）话语技巧：共情传播破解差异

不同受众对中国国家形象的认知与评价具有显著的差异性。国家形象感知既受到宏观层面的国家实力、文化环境因素等影响，也与个人层面的环境接触、政治立场、人格特质等因素相关。[①] 对外传播时采用具有"普世价值"的"共情"话语技巧，容易使受众达到认同，产生一致的接受效果。

共情是"个体面对其他个体的情绪情景时，首先产生与他人的

---

① 季乃礼：《国家形象理论研究述评》，《政治学研究》2016 年第 1 期。

情感共享，而后在认知到自我与他人区别的前提下，对其总体状况进行认知评估，从而产生的一种伴有相应行为的情绪情感反应，且主体将这种情绪情感和行为指向客体的心理过程。"[①] 传播主体只有通过主动地代入共情、选择能触及海外受众心灵的符码，并积极互动，国家形象才能真正为有差异的多元化海外受众所感知、理解并认同。"网红"传播的成功，在于他们能抓住海外受众的心理，采用能引起受众共鸣的日常衣食住行、亲情友情等话语元素，令受众自自然然地产生认同。

五、受众策略：精准传播、"本土化"传播

在社交媒体上建构中国形象时还要做到心中有受众，为了做到精准传播，传播主体需要提升传播的专业化水平；此外，还需做到"三贴近"，挖掘海外意见领袖为中国发声的本土化传播。

（一）传播队伍专业化，熟悉受众，精准传播

在跨文化传播中，存在"文化折扣"的问题，即由于文化背景的差异，生活在某种文化中的受众对其他不熟悉的文化在兴趣、认知、理解和接受等方面都会大打折扣。

为了减少跨文化传播的阻力，提升文化传播的效率，国家形象的传播队伍进行国家形象传播时，不仅要掌握社交媒体的特点，还要关注海外受众在文化背景、意识形态等方面的差异。在如今的国

---

① 刘聪慧、王永梅、俞国良、王拥军：《共情的相关理论评述及动态模型探新》，《心理科学进展》2009 年第 5 期。

际形势中，发达国家与发展中国家在意识形态与对中国友好度上存在一定差异，因此针对不同国家采取不同形式与方针的传播手段是不可缺少的。

习近平总书记强调："要全面提升国际传播效能，建强适应新时代国际传播需要的专门人才队伍。"① 面对国际传播的任务急迫性、领域多元性、人群广泛性、技术多样性，我们需要提高国家形象的传播队伍的专业化程度，打造既精通外语又了解国际传播规律，并且熟悉当地社会文化状况的复合型专业人才队伍。既要满足海外受众的需求，进行精准化传播，又要切实提高传播效果。"人才队伍建设要以培养和发掘相结合，队伍应用上要以专攻与协作相结合。"在保证核心国际传播专业人才队伍持久稳定的基础上，一方面，通过招标、竞赛、合作等方式发现、调用社会各方面具有国际传播潜力的资源；另一方面，在推动国际传播人才专业方向积累的同时，强化其策划、组织、协调能力，利用技术手段将他们从机械的语言转换工作中解放出来，把更多的时间用于深入的思考、广泛的结交、能力的提高。②

（二）受众参与，本土化传播

在传播活动中，各国之间的文化差异极易导致对同一信息的不同解读，矛盾和冲突随之产生。为了最大限度地减少信息的变形，避免不必要的争端，融入当地传播语境的本土化传播必不可少。本

---

① 唐佳：《提升国际话语权　中国需要这样做》，人民网，http://www.people.com.cn/n1/2021/0607/c437595-32124020.html，2021 年 6 月 7 日。
② 同上。

土化是对外传播中必要的也是十分有效的策略。

对外传播工作也要注重"三贴近",即贴近中国发展的实际,贴近国外受众对中国信息的需求,贴近国外受众的思维习惯。[①] 我国媒体和个人在海外社交平台上发布信息,展开对外传播工作时,应当在深入了解外国的历史、政治、经济、宗教、风俗习惯的前提下,发布易于被国外民众接受和理解的信息。在传播活动中,必须充分考虑受众情况,设置有针对性的议程,做到语言风格、传播形式的本土化,构建易为当地民众理解和主流社会接受的中国国家形象和话语体系。

此外,还可通过海外意见领袖为中国发声,更好地传播中国声音。相比国内的媒体及意见领袖,海外意见领袖的最大优势是与海外受众处于同一个文化体系中,更了解海外受众的情感共鸣点及其关注的话题。海外意见领袖有着天然的传播优势,所传播的信息更加具有说服力,有利于实现传播效果的最大化。他们能客观看待中国发生的事情,继而客观、全面地向海外受众讲述中国的实际情况,改变他们对中国的刻板印象,从而塑造积极的中国形象。

本 章 小 结

在社交媒体成为主流、经济实力不断提升、政治环境日趋复杂、全球文化交融频繁的全新语境下,中国形象塑造要有系统传播

---

① 解深:《浅析如何在外宣刊物中落实"三贴近"》,《对外传播》2004年第8期。

思维、全民外交意识；传播主体要多元协同；全方位打造立体中国，讲好中国故事；活用传播技巧，扩大影响力；对海外受众要进行专业化的精准传播，以及"三贴近"的对外传播和海外意见领袖的"本土"发声。

结　语

网络技术的发展，促进了社交媒体的蓬勃发展，各种社交媒体不断涌现，为网络用户提供了获取和分享信息、表达意见与观点、与他人交互的重要平台，成为人们生活中必不可少的一部分。推特的多样化特征使其成为海内外网络用户建构中国国家形象的代表性平台。运用海外社交媒体建构中国形象，是建构中国国际形象和提升中国国际话语权的需要，也是全民建构国家形象的需要。

相较于传统媒体，社交媒体的包容性、参与性、开放性、互动性更多地与普通公民（尤其是个人用户）的特质完美结合，在互联网技术的推动下，国家形象的建构主体逐渐呈现出多元化趋势，即由单一的官方媒体，转变为由政府、媒体、企业、社会组织、专业人士、普通公民个体等群体共同组成的"多元主体"。社交媒体赋予原本"沉默的个体"以传播权力，使其能够借助互联网成为跨越不同国家和文化的传播"明星"。[①] 民间传播者特有的亲和力、贴近日常的传播内容与社交媒体平台本身特有的平民化特征相结合，更容易被海外受众接受，其传播效果也更加显著。传统媒体时代，我国媒体对中国形象的塑造主要是通过官方媒体自上而下进行"对

---

① 任孟山、李呈野：《中华文化对外传播的新时代经验与可能路径——李子柒爆红海外给国际传播带来的思考》，《对外传播》2020 年第 1 期。

外传播",具有较强权威性的同时,亲近性相对较弱,传播效果也不是十分理想;而社交媒体时代,人人均可进行"国际传播",不再是只注重"我们说",更注重大家"听得清""听得懂",人人都是讲好中国故事的践行者。

海外社交媒体的传播主体主要有国内的"Z世代"青年、"网红"、海外华人、官媒及个人、企业,以及国外的媒体、网络博主和友人。不同的主体呈现出不同的传播特征,他们共同建构着中国形象,在构建真实、立体、全面的中国形象方面都起到了不可替代的作用。

从对推特的文本分析可见,海内外媒体建构中国形象采用的是相对冲突的话语,双方都以本国利益为主,基于本国的意识形态对中国进行了有利于本国的形象建构。而网民们对中国形象的建构,则显现出多样化特征,有的网民受本国权威媒体意识形态的影响,对中国形象的建构也体现了鲜明的意识形态特征,这引起了我国部分网民的不满,并采取对抗性的话语予以回击。但绝大部分网民比较理性,通过与其他网民们的交往互动,建构了比较客观的中国形象。总的说来,海外社交媒体不仅建构了正面的中国形象,也建构了负面的中国形象。这里展现了真实的中国,也展现了被抹黑、被歪曲事实的中国。其中有政治立场、文化价值观念、官方和媒体的选择和引导等因素的影响,而复杂的因素形成了我国对外传播的复杂舆论环境。要跨文化地让海外网民理解中国,还有很长的路要走,客观地、自然地对外讲好中国故事尤为重要。他国的官方媒体和网民不喜欢"硬塞"过去的中国形象,而喜欢客观、真实的中国形象。

海外社交媒体建构中国形象有"自塑""他塑"和"合塑"三种模式。包括讲好中国故事，让世界了解中国；打破西方新闻壁垒，增强国际传播话语权；促进文化传播交融，增强文化凝聚力；推进国际战略合作，增强综合国力和国家竞争力的"自塑"目的，合作、了解、自我强化和压制对抗的"他塑"目的，以及全民共同传播，交流促进理解；积极发出中国声音，参与全球话语传播；全方位传播，塑造全面的中国国家形象；凝聚共识，践行人类命运共同体理念的传播实践的"合塑"目的。传播策略包括积极的对外传播以及应对负面舆论时的不同策略。

不同的传播主体建构中国形象的效果亦不同，官媒矩阵建构的是全面的中国形象，"网红"建构的是立体的中国形象，普通网民建构的是真实的中国形象。"软传播"议题更易引起全球关注，短视频形式更受欢迎。受众的短期利益视角会影响传播效果的达成，文化语境的差异会影响传播交流，舆论引导会影响传播的关注焦点。以效果为出发点，多元主体要协同起来、有组织地进行中国形象塑造，并要基于科学的中国形象定位，结合西方低语境文化的叙事习惯，讲述海外受众易理解、易接受的中国故事。

总之，海外社交媒体是各种传播主体建构中国形象的重要平台，是对外传播中国形象的重要窗口。主流媒体要改变过去的对外传播方式，要学习普通网民的"亲民化"传播方式和话语；并且要联动意见领袖和普通网民，以便形成对外传播中国形象的"合力"，而不是"各说各话""孤军奋战"。目前，海外社交媒体传播中的中国形象既有正面的，也有负面的，离习近平总书记所提出的四大国家形象的目标尚有距离，这既需要国家、政府对社会进一步治理，促进社会的良性运行；又需要各传播主体能齐心协力协同起来，一起对外讲好中国故事；同时还要考虑海外受众的接受心理，要善于吸纳海外本土网民进入我国传播队伍，让他们运用自己国家的语言讲述中国故事，如此便能收到更好的传播效果。此外，部分网民还需提高自己的传播素养，避免在网络上传播不文明的语言，以免影响中国的国际形象。

主要参考文献[①]

一、中 文 文 献

（一）书籍

［1］〔美〕尼古拉斯·尼葛洛庞帝.数字化生存［M］.胡泳，范海燕译.海口：海南出版社，1997.

［2］〔荷兰〕何塞·范·迪克.连接：社交媒体批评史［M］.晏青，陈光凤译.北京：中国人民大学出版社，2021.

［3］战迪.中国电影与国家形象建构：以新世纪以来中国电影的创作与传播为中心［M］.北京：中国大百科全书出版社，2021.

［4］管文虎主编.国家形象论［M］.成都：电子科技大学出版社，1999.

［5］吴友富.中国国家形象的塑造和传播［M］.上海：复旦大学出版社，2009.

［6］习近平.在庆祝中国共产党成立100周年大会上的讲话［M］.北京：人民出版社，2021.

［7］刘艳房.全球化背景下的中国国家形象战略——基于国家利益的研究视角［M］.北京：中央编译出版社，2016.

［8］习近平.论党的宣传思想工作［M］.北京：中央文献出版社，2020.

［9］段鹏.国家形象建构中的传播策略［M］.北京：中国传媒大学出版社，2007.

［10］刘继南.国际传播与国家形象——国际关系的新视角［M］.北京：北京广播学院出版社，2002.

［11］〔美〕约瑟夫·奈.软力量世界政坛成功之道［M］.吴晓辉译.北京：东方出版社，2005.

［12］孟建，于嵩昕.国家形象：历史、构建与比较［M］.南京：江苏人民出版

[①] 按文中出现的先后顺序排列。

社，2019.
［13］〔英〕齐格蒙特·鲍曼.共同体：在一个不确定的世界中寻找安全［M］.欧阳景根译.南京：江苏人民出版社，2003.
［14］李义天主编.共同体与政治团结［M］.北京：社会科学文献出版社，2011.
［15］麻国庆.走进他者的世界［M］.北京：学苑出版社，2001.
［16］〔英〕戴维·理查兹.差异的面纱［M］.沈阳：辽宁教育出版社，2003.
［17］李希光.妖魔化中国的背后［M］.北京：中国社会科学出版社，1996.
［18］郭庆光.传播学教程［M］.北京.中国人民大学出版社，2011.
［19］〔英〕雷蒙·道森.中国变色龙：对于欧洲中国文明观的分析［M］.北京：中华书局，2006.
［20］陈力丹.舆论学——舆论导向研究［M］.北京：中国广播电视出版社，1999.
［21］邓小平.邓小平文选（第三卷）［M］.北京：人民出版社，1999.

（二）期刊、报纸
［1］王斌，戴梦瑜.迭代生产与关系建构：社交媒体中的国家形象塑造机制［J］.兰州大学学报（社会科学版），2017（5）.
［2］李斌.新华社海外社交媒体的国家形象传播策略［J］.青年记者，2017（26）.
［3］杜香，曹雁.提升网络媒体对国家形象的传播力［J］.东南传播，2012（10）.
［4］陈蓉.新媒体视阈中的中国国家形象建构［J］.现代传播，2011（11）.
［5］欧亚婷，廖伶欣.社交媒体构建中国海外文化形象的策略分析——以2015年《人民日报》在FACEBOOK上活跃度为例［J］.海外华文教育，2017（1）.
［6］张爱凤.媒介变迁与中国国家形象的嬗变［J］.南京社会科学，2011（11）.
［7］路璐.新媒体语境下的国家形象传播话语博弈研究［J］.南京社会科学，2016（3）.
［8］董媛媛，田晨.社交媒体时代短视频传播与国家形象建构［J］.当代传播，2018（3）.
［9］王沛楠.中国互联网企业海外短视频平台上的中国形象分析——以短视频平台TikTok为例［J］.电视研究，2019（4）.
［10］张立春.社交媒体时代国家形象的塑造——以三大央媒VK账号"新中国成立70周年"报道为例［J］.传媒，2020（11）.
［11］张举玺，王琪.论新公共外交视域下中国网红对国家形象构建的作用——以YouTube平台中国网红李子柒为例［J］.新闻与传播评论，2021（5）.

［12］宋海燕.中国国家形象的"他者"传播：来华留学生的中介机制［J］.新闻爱好者，2021（8）.

［13］彭伟步.借力西方社交媒体，推动中华文化海外传播的价值与可行分析［J］.中国记者，2017（7）.

［14］李琦.中国国家形象的媒介呈现与建构——基于《人民日报》（海外版）十九大报道的考察［J］.湖南师范大学社会科学学报，2018（3）.

［15］刘煦尧，许静.媒体国家形象塑造效果及策略分析——以 Facebook 中的央视网 CCTV 全球页账号为例［J］.对外传播，2017（01）：59-61.

［16］韦笑，潘攀.社交媒体时代中国国家形象的对外传播策略——基于2017年 CGTN 海外社交媒体的中国报道分析［J］.传媒，2018（10）.

［17］安珊珊，栗兴维.中国主流媒体的 Twitter 传播力与国家形象建构［J］.中华文化与传播研究，2017（1）.

［18］张兆卿.社交媒体上中国"他者"国家形象研究——以 BBC、CNN 在 Twitter 上的发文为例［J］.新闻研究导刊，2018（5）.

［19］郑承军，唐恩思.青年镜像：中国形象在海外社交媒体上的传播与塑造［J］.中国青年社会科学，2020（6）.

［20］胡泳，陈秋心.中国新媒体25周年——从"信息高速公路"到"未来媒体"的认知跃迁［J］.汕头大学学报（人文社会科学版），2019（12）.

［21］谭天，张子俊.我国社交媒体的现状、发展与趋势［J］.编辑之友，2017（1）.

［22］孙楠楠.对社会化媒体的传播学思考［J］.新闻爱好者，2009（17）.

［23］肖琳，徐升华，王琪.社交媒体发展与研究述评［J］.图书馆学研究，2016（14）.

［24］彭兰.社会化媒体、移动终端、大数据：影响新闻生产的新技术因素［J］.新闻界，2012（16）.

［25］任孟山，朱振明.试论伊朗"Twitter 革命"中社会媒体的政治传播功能［J］.国际新闻界，2009（9）.

［26］胡泳.围观与见证的政治［J］.文化纵横，2013（2）.

［27］韩嘉懿.对 Facebook 发展历程的研究［J］.现代营销（下旬刊），2019（7）.

［28］李宇.YouTube 的发展策略及对传统电视的影响［J］.传媒，2016（3）.

［29］吴帆.Twitter——新媒体的力量［J］.中国网络传播研究，2010（00）.

［30］殷丽萍.Tumblr：互联网上的"极简"奇迹［J］.中外管理，2015（3）.

［31］梁欣，过仕明，张玉芙.团购网站 Groupon 信息生态系统构建研究［J］.情报

科学，2016（8）．

［32］王乐鹏，李春丽，王颖.Foursquare 模式及在中国的发展对策探讨［J］．科技信息，2010（23）．

［33］邹丽雪，刘艳丽，张迪，牛晓蓉，沈湘，王学昭，刘细文.互联网企业谷歌和百度的科技创新战略与启示［J］．全球科技经济瞭望，2021（9）．

［34］周高琴.视觉社交网站 Pinterest 的特色及启示［J］．青年记者，2015（19）．

［35］毛春洲.社交媒体 Snapchat 如何杀出重围［J］．传媒，2017（3）．

［36］黄俊莉.浅探企业并购动因——以 Facebook 收购 WhatsApp 为例［J］．时代金融，2014（9）．

［37］罗锦莉.美国大选，Twitter 赢了［J］．金融科技时代，2012（12）．

［38］王莉丽，刘子豪.后真相时代特朗普"推特治国"舆论传播特点及启示［J］．国外社会科学，2018（3）．

［39］陈薇.媒体话语中的权力场：香港报纸对中国大陆形象的建构与话语策略［J］．国际新闻界，2014（7）．

［40］匡文伯，任天浩.国家形象分析的理论模型研究——基于文化、利益、媒体三重透镜偏曲下的影像投射［J］．国际新闻界，2013（2）．

［41］徐小鸽.国际新闻传播中的国家形象问题［J］．新闻与传播研究，1996（2）．

［42］管文虎.国家的国际形象浅析［J］．当代世界，2006（6）．

［43］刘小燕.关于传媒塑造国家形象的思考［J］．国际新闻界，2002（2）．

［44］程曼丽.大众传播与国家形象塑造［J］．国际新闻界，2007（3）．

［45］汤光鸿.论国家形象［J］．国际问题研究，2004（4）．

［46］董青岭.国家形象与国际交往刍议［J］．国际政治研究，2006（3）．

［47］吴献举，张昆.国家形象：概念、特征及研究路径之再探讨［J］．现代传播，2016（1）．

［48］秦亚青.建构主义：思想渊源、理论流派与学术理念［J］．国际政治研究，2006（3）．

［49］季玲.重新思考体系建构主义身份理论的概念与逻辑［J］．世界经济与政治，2012（6）．

［50］文春英，吴莹莹.国家形象的维度及其互向异构性［J］．现代传播，2021（1）．

［51］蒙象飞.中国国家形象话语体系建构中的符号媒介考量［J］．云南社会科学，2017（5）．

[52] 汪涛,邓劲.国家营销、国家形象与国家软实力[J].武汉大学学报(哲学社会科学版),2010(2).

[53] 党兰玲.话语与国家形象建构[J].华北水利水电大学学报(社会科学版),2019(4).

[54] 杨冬云.国家形象的构成要素与国家软实力[J].湘潭大学学报(哲学社会科学版),2008(5).

[55] 蒋积伟.新中国成立以来国家形象的历史变迁[J].华南师范大学学报(社会科学版),2019(6).

[56] 张志安,李辉.海外社交媒体中的公众传播主体、特征及其影响[J].对外传播,2020(5).

[57] 李洭.民间力量近距离传播的"技"与"巧"——也谈西藏问题的对外传播[J].对外传播,2009(3).

[58] 程曼丽.西方国家对中国形象认知变化的辩证分析[J].对外传播,2021(3).

[59] 范红,胡钰.国家形象与传播战略[J].新闻战线,2016(1).

[60] 相德宝.国际自媒体涉华舆论传者特征及影响力研究——以Twitter为例[J].新闻与传播研究,2015(1).

[61] 杨奇光,常江.搭建中国国际话语平台的民间力量及其实践路径[J].对外传播,2017(5).

[62] 张超.主流媒体海外社交平台讲好中国故事的提升路径[J].中国编辑,2022,(8).

[63] 李林,李吉龙,杜婷,杨艳."Z世代"群体观念及消费研究:一个文献综述[J].湖北经济学院学报(人文社会科学版),2022(3).

[64] 韦路,丁方舟.社会化媒体时代的全球传播图景:基于Twitter媒介机构账号的社会网络分析[J].浙江大学学报(人文社会科学版),2015(6).

[65] 马希平.洋网红讲中国故事,可信![N].新华社新媒体.2023-09-27 11:14.

[66] 鲍世修.国际友人笔下的中国国家形象传播[J].红旗文稿,2012(15).

[67] 李正栓.多措并举加强国际传播能力建设[N].中国社会科学报,2022-01-21.

[68] 宋博.手握自主研发科技 美供应商向华为"低头"[J].商业观察,2019(7).

[69] 唐婧."国家形象"主体间建构机制研究的新视角——认知语言学与形象学的互动[J].东莞理工学院学报,2020(2).

［70］周建萍.国家形象建构中的主体性与主体间性问题研究［J］.江苏师范大学学报（哲学社会科学版），2015（4）.

［71］李良荣，张莹.新意见领袖论——"新传播革命"研究之四［J］.现代传播，2012（6）.

［72］冯雪.网络环境中意见领袖的意见表达［J］.视听，2019（6）.

［73］许建华，欧阳宏生.国家形象建构的认知实践与理论创新［J］.新闻战线，2022（4）.

［74］杨光斌.政治思潮：世界政治变迁的一种研究单元［J］.世界经济与政治，2019（9）.

［75］赵雪波.关于国家形象等概念的理解［J］.现代传播，2006（5）.

［76］赵泓."他塑"与"自塑"：论中国形象的构建［J］.电影文学，2019（2）.

［77］胡百精.北京冬奥会与新时代中国国家形象构建［J］.公关世界，2022（3）.

［78］陈曦.北京冬奥会中的国家形象塑造［J］.国际公关，2022（1）.

［79］胡岑岑.个体视角下的短视频叙事与国家形象建构——以北京冬奥会中的短视频为例［J］.当代电视，2022（4）.

［80］谭宇菲，刘红梅.个人视角下短视频拼图式传播对城市形象的构建［J］.当代传播，2019（1）.

［81］李晰，樊帆.现代化进程中研究"汉服"的意义［J］.陕西教育（高教版），2009（7）.

［82］刘嫦，任东升.对传媒"自塑"和"他塑"国家形象的价值学思考［J］.天府新论，2014（4）.

［83］周宁.西方的中国形象史：问题与领域［J］.东南学术，2005（1）.

［84］孙祥飞."异托邦"的中国形象：在意识形态与乌托邦之外［J］.新闻爱好者，2021（10）.

［85］刘子君.中国国家形象宣传片的传播优化路径［J］.出版广角，2021（5）.

［86］李沁，王雨馨.华人华侨身份认同程度与中华文化传播行为研究［J］.当代传播，2019（2）.

［87］郭璇.G20框架下中国全球经济治理的参与实践话语与国家身份建构［J］.国际传播，2019（4）.

［88］赵清源.新冠肺炎疫情视角下的对外传播策略——以外交部发言人海外个人Twitter账号为例［J］.青年记者，2021（12）.

［89］陈映锜.牢牢把握讲好中国故事的话语权和主导权［J］.当代传播，2022

(1).

[90] 吕梦佳,马二伟.海外社交媒体中个体影像叙事对国家形象的建构——以 YouTube 视频博主为例[J].新闻爱好者,2022(3).

[91] 张洪亮.海外 Vlogger 如何助力北京城市形象对外传播[J].青年记者,2021(8).

[92] 习近平.深化文明交流互鉴 共建亚洲命运共同体[N].人民日报,2019-05-16(2).

[93] 王梦.构建人类命运共同体思想的符号学阐释[J].上海交通大学学报(哲学社会科学版),2021,29(6).

[94] 张洋.习近平在中共中央政治局第十二次集体学习时强调:推动媒体融合向纵深发展,巩固全党全国人民共同思想基础[N].人民日报,2019-01-26(1).

[95] 仇园园.参与式传播视角下中国国家形象的国际传播[J].中国出版,2021(20).

[96] 温志宏.从中国经验到世界语境:象群北迁的国际传播启示[J].对外传播,2022(3).

[97] 李宇.国际传播效果研究的理论、方法与路径[J].国际传播,2022(1).

[98] 刘燕南,刘双.国际传播效果评估指标体系建构:框架、方法与问题[J].现代传播,2018(8).

[99] 黄仁伟.当代国际关系中的利益和价值重构[J].国际观察,2013(6).

[100] 黄湄,徐平.从"天下大同"到"人类命运共同体"——费孝通"文化自觉"的新时代回声[J].中南民族大学学报(人文社会科学版),2021(5).

[101] 晏钢.提升中国国际舆论引导力的"和合"方略[J].传媒观察,2022(1).

[102] 宫月晴.中国品牌建构国家形象作用机制研究——基于"一带一路"沿线消费者深访的研究[J].现代传播,2019(10).

[103] 张烁.习近平在欧美同学会成立百年庆祝大会上寄语留学人员:创新正当其时 圆梦适得其势[N].人民日报海外版,2013-10-22(1).

[104] 张瑜,刘思雯.评价理论视角下中国国家形象网络媒体话语建构——基于语料库的美国民众推特社交平台疫情话语分析[J].西部学刊,2021(17).

[105] 赵胤伶,曾绪.高语境文化与低语境文化中的交际差异比较[J].西南科技大学学报,2009(2).

[106] 曹雅丽.林毅夫 中国将势不可挡地成为世界经济中心[J].中国纪检监察,2021(23).

［107］王维平，陈雅.“双循环”新发展格局释读——基于马克思主义政治经济学总体性视阈［J］.中国特色社会主义研究，2021（1）.

［108］胡开宝，张晨夏.中国当代外交话语核心概念对外传播的现状、问题与策略［J］.浙江大学学报（人文社会科学版），2021（5）.

［109］张爱军.自媒体视阈下国家形象的个性化建构［J］.探索，2022（1）.

［110］薛晓君.中国国家形象的自媒体艺术传播［J］.传媒，2016（6）.

［111］习近平.加强和改进国际传播工作　展示真实立体全面的中国［J］.经济导刊，2021（5）：2.

［112］范红.国家形象的多维塑造与传播策略［J］.清华大学学报（哲学社会科学版），2013（2）.

［113］李凯，亓光勇.新时代传承中华优秀传统文化的价值探析［J］.新疆社科论坛，2017（6）.

［114］甘学荣.从中华优秀传统文化中汲取营养和智慧（专题深思）［N］.人民日报，2021-12-09（9）.

［115］季乃礼.国家形象理论研究述评［J］.政治学研究，2016（1）.

［116］刘聪慧，王永梅，俞国良，王拥军.共情的相关理论评述及动态模型探新［J］.心理科学进展，2009（5）.

［117］解深.浅析如何在外宣刊物中落实"三贴近"［J］.对外传播，2004（8）.

［118］任孟山，李呈野.中华文化对外传播的新时代经验与可能路径——李子柒爆红海外给国际传播带来的思考［J］.对外传播，2020（1）.

（三）网络文章

［1］中国互联网信息中心.第53次《中国互联网络发展状况统计报告》［EB/OL］.https：//www.cnnic.net.cn/NMediaFile/2024/0325/MAIN1711355296414FIQ9XKZV63.pdf，2024-03-25.

［2］维卓.2024社交媒体全球使用趋势报告［EB/OL］.速查报告库，2024-05-31 08：21.

［3］Meta Investor Relations.2024年Facebook统计数据市场调查与用户研究分析报告［EB/OL］.https：//zhuanlan.zhihu.com/p/677884778，2024-01-15 13：27.

［4］月光山人.Twitter.com故事［EB/OL］.http：//www.360doc.com/content/10/0923/10/2645260_55702566.shtml，2020-09-23.

［5］习近平.习近平在中共中央政治局第三十次集体学习时强调　加强和改进国际

传播工作　展示真实立体全面的中国［N］. http：//www.xinhuanet.com/politics/leaders/202106/01/c_1127517461.htm, 2021－06－01 15：02：02.
［6］ 新浪科技. Twitter 称在中国有 1 000 万用户［EB/OL］. https：//www.c114.com.cn/topic/212/a961924.html, 2016－07－06 10：01.
［7］ 赵启正. 每个人都是"中国读本"的一页［N］. https：//www.thepaper.cn/newsDetail_forward_18236799, 2022－05－23 18：06.
［8］ 韩夏.1650 万老外在等李子柒［EB/OL］. https：//www.thepaper.cn/newsDetail_forward_16043987, 2022－01－07 18：05.
［9］ 刘亮.习近平在全国宣传思想工作会议上强调：举旗帜聚民心育新人兴文化展形象　更好完成新形势下宣传思想工作使命任务［N］. http：//news.cctv.com/2018/08/22/ARTIQJr2G0YA3YZLTaRMX8Lo180822.shtml, 2018－08－22 19：47.
［10］ 习近平.习近平主持中共中央政治局第三十次集体学习并讲话［N］. http：//www.gov.cn/xinwen/2021-06/01/content-5614684.htm, 2021－08－16.
［11］ 中华人民共和国国家互联网信息办公室.中央主要新闻网站国际传播力报告［EB/OL］. https：//www.cac.gov.cn/2016-12/22/c_1120167875.htm, 2016－12－22 14：56.
［12］ 王俊景.海外社交媒体统一账号"New China"正式运行［N］. http：//www.xinhuanet.com/world/2015-03/01/c_127530930.htm, 2015－03－01 15：40：02.
［13］ 罗琨, 薛婷阳.入境游火了！"景点长满外国人"［N］. 环球网, 2024－06－06 14：56.
［14］ 张广琳.我国已签署共建"一带一路"合作文件 205 份［N］. https：//www.yidaiyilu.gov.cn/xwzx/gnxw/163241.htm, 2021－01－30 09：29：59.
［15］ 王祎.美针对华为等公司发布限制交易令, 华为这样回应［N］. https：//baijiahao.baidu.com/s？id=1633661747132966359&wfr=spider&for=pc, 2019－05－16 12：34.
［16］ 李佳桢.习近平：中国愿同东盟国家共建 21 世纪"海上丝绸之路"［N］. 新华网, 2013－10－03 12：57.
［17］ 柳丝, 宿亮.瞭望·治国理政纪事｜"一带一路"铺通共赢大道［N］. https：//h.xinhuaxmt.com/vh512/share/10889209？channel=weixin, 2022－06－18 11：36：52.
［18］ 王义桅."一带一路"的三重使命［N］. http：//www.gov.cn/xinwen/2015-03/

28/content_ 2839660. htm,2015 – 03 – 28 07: 48.

[19] 许向东,邓鹏卓. 新媒体环境下主流媒体的社会责任［N］. http：//media. people. com. cn/n1/2019/0227/c425664-30905195. html,2019 – 02 – 27 09: 28.

[20] 一网荷兰. 重磅发布 | 2018 海外华文新媒体影响力报告［EB/OL］. https：//www. sohu. com/a/233369156_ 291951,2018 – 05 – 30 01: 47.

[21] 李易,姜洁. 美防长称中国在南海活动威胁他国　外交部：美方唯恐天下不乱［N］. http：//usa. people. com. cn/n1/2019/1119/c241376-31463538. html,2019 – 11 – 19 17: 06.

[22] 中新网. 美国国防战略报告称中国为战略竞争对手　国防部回应［N］. http：//app. myzaker. com/news/article. php？ pk = 5a6364091bc8e0cc19000000,2022 – 01 – 20.

[23] 赵歆. 美国国防战略报告出台　点名中国是"最重要的战略竞争对手"［N］. https：//new. qq. com/rain/a/20220331A01OA900. html,2022 – 3 – 31 08: 22.

[24] 习近平. 讲好中国故事,传播好中国声音［N］. 求是网,2021 – 6 – 2.

[25] 杨光斌：俄乌战争与世界政治之意识形态驱动力［N］. https：//www. guancha. cn/YangGuangBin/2022_ 03_ 21_ 631161. shtml,2022 – 03 – 21 07: 20: 55.

[26] 央视网.［朝闻天下］中国外交部　美方挑动意识形态对立注定不会得逞［N］. http：//tv. cctv. com/2020/07/23/VIDE9HIMVgaKFLwr1rsvegIB200723. shtml,2020 – 07 – 23 07: 52.

[27] 北青网. 中国"00 后"小将有多厉害？中国 176 名参赛运动员小将占比近 3 成［N］. https：//t. ynet. cn/baijia/32220850. html,2022 – 2 – 17.

[28] 杨菲菲. 首都高校花样迎春节,让 1.4 万名冬奥志愿者过个开心"冬奥年"［N］. https：//www. bjnews. com. cn/detail/164353503714410. html,2022 – 01 – 30 17: 44.

[29] 杨帆. 北京冬奥会志愿者："双奥之城"最好的名片［N］. https：//sports. gmw. cn/2022-02/18/content_ 35527678. htm,2022 – 02 – 18 10: 46.

[30] 徐京跃,华春雨. 习近平强调　胸怀大局把握大势着眼大事努力把宣传思想工作做得更好［N］. http：//cpc. people. com. cn/n/2013/0820/c64094-22634049-2. html,2013 – 08 – 20 19: 13.

[31] 赵兵. 全国宣传部长会议在京召开　王沪宁出席并讲话［N］. http：//paper. people. com. cn/rmrb/html/202201/06/nw. D110000renmrb_ 20220106_ 2-

03. htm，2022-01-06.

[32] 新浪科技. 李子柒刷新"最多订阅量的 YouTube 中文频道"吉尼斯世界纪录[EB/OL]．https：//finance. sina. com. cn/tech/2021-02-02/Doc-ikftpnny3371095. shtml，2021-02-02 10：47.

[33] 共青团中央. 昨夜出征！不止帝吧、饭圈还有他们！网友：人民的力量、青年的力量［EB/OL］．https：//baijiahao. baidu. com/s? id =1642193417155589146&wfr=spider&for=pc，2019-08-18 16：41.

[34] 文白石. 李长春说"提高国际传播能力"的深意［N］．中国共产党新闻网，2010-01-07.

[35] 欧阳. 联动、国际、渠道，复盘 2021 两会报道［N］．https：//tech. ifeng. com/c/84g7ien7wMZ，2021-3-17 08：21：45.

[36] 涂恬.《2021—2022 中华文化国际传播十大案例》发布［N］．http：//cn. chinadaily. com. cn/a/202205/31/WS62958e8ca3101c3ee7ad8156. html? ivk_sa=1023197a，2022-05-31 11：41.

[37] 汤一介. 文化发展要遵循"和而不同"的原则［EB/OL］．https：//www. sohu. com/a/588136074_121124762，2022-09-26 17：30.

[38] 邱丽芳. 当惊世界殊——中国经济奇迹是如何创造的？［N］．http：//www. xinhuanet. com/politics/2019-08/05/c_1124837244. htm，2019-08-05 09：36：13.

[39] 国家统计局综合司. 沧桑巨变七十载 民族复兴铸辉煌——新中国成立 70 周年经济社会发展成就系列报告之一［EB/OL］．http：//www. stats. gov. cn/tjsj/zxfb/201907/t20190701_1673407. html，2019-07-01 09：40.

[40] 钱景童. 我国创新能力综合排名上升至世界第 12 位［N］．https：//news. cctv. com/2022/02/25/ARTINExCSGIGXKXO9kmRl7R6220225. shtml，2022-02-25 10：34：10.

[41] 国际司. 世界经济重心东移趋势日显［EB/OL］．https：//www. ndrc. gov. cn/fggz/gjhz/zywj/202012/t20201210_1252509_ext. html，2020-12-10.

[42] 央视网. 2020 年我国 GDP 增长 2.3% 首次突破百万亿元大关［N］．http：//news. cctv. com/2021/01/18/ARTIUMoCCHBtVHZRXIzdYMyI210118. shtml，2021-01-18.

[43] 柳丝. 俄乌冲突"世界冲击波"之政治篇——世界秩序深刻演变 美国霸权失道寡助［N］．http：//www. news. cn/2022-05/10/c_1128636323. htm，2022-05-10 10：58：06.

[44] 王丕屹. 驻华大使聚焦两会 中国传递信心 世界共享机遇 [N]. http://lianghui. people. com. cn/2022npc/n1/2022/0310/c441810-32371086. html,2022 - 03 - 10.

[45] 吴丽娜,黄玥. "平语"近人——习近平如何指导宣传思想工作 [N]. http://www. xinhuanet. com//politics/2016-02-20/c_ 128730682. htm,2016 - 02 - 20 09: 22: 16.

[46] 李斌,霍小光. 习近平: 坚持正确方向创新方法手段 提高新闻舆论传播力引导力 [N]. http://www. xinhuanet. com//politics/201602/19/c_ 1118102868. htm,2016 - 02 - 19.

[47] 袁勃,赵欣悦. 讲好中国故事,传播好中国声音,展示真实、立体、全面的中国 (习近平讲故事) [N]. http://politics. people. com. cn/n1/2021/1230/c1001-32320134. html,2021 - 12 - 30 05: 03.

[48] 朱延静. 习近平: 讲好中国故事,传播好中国声音 [N]. https://www. chinanews. com. cn/gn/2021/06-03/9491450. shtml,2021 - 06 - 03 08: 26.

[49] 腾讯网. 营销洞察丨国外顶流"自来水"J姐测评,花西子海外流量暴涨到黑五水平 [EB/OL]. https://new. qq. com/omn/20220208/20220208A08PK700. html,2022 - 02 - 08 18: 00.

[50] 杨蓉. "冰墩墩"走红 中国文创传递爱与美 [N]. https://export. shobserver. com/baijiahao/html/450215. html,2022 - 02 - 09 15: 20.

[51] 习近平. 习近平在联合国教科文组织总部的演讲 [N]. http://www. xinhua-net. com/politics/2014-03/28/c-119982831. htm,2021 - 08 - 16.

[52] 姜玉峰. 传承和弘扬好中华优秀传统文化 [N]. http://ent. people. com. cn/n1/2021/1230/c1012-32320372. html,2021 - 12 - 30 08: 35.

[53] 胡芳. 文以载道 文以化人——郭齐勇先生主讲《儒家文化的精神及其现代意义》[N]. https://m. thepaper. cn/baijiahao_ 13644690,2021 - 07 - 19 17: 37.

[54] 唐佳. 提升国际话语权 中国需要这样做 [N]. http://www. people. com. cn/n1/2021/0607/c437595-32124020. html,2021 - 06 - 07 08: 41.

二、英 文 文 献

[1] Imran, S. (2017). Reshaping the National Image of Azerbaijan through Nation

Branding Endeavours. *Khazar Journal of Humanities and Social Sciences*, (4).
[2] Li, L. (2016). Construction of China's National Image through Translation: Problems and Solutions. *Intercultural Communication Studies*, (3).
[3] Zhang, C. (2012). International Coverage, Foreign Policy, and National Image: Exploring the Complexities of Media Coverage, Public Opinion, and Presidential Agenda. *International Journal of Communication*, (6).
[4] Castano, E., Bonacossa, A., & Gries, P. (2016). National Images as Integrated Schemas: Subliminal Primes of Image Attributes Shape Foreign Policy Preferences. *Political Psychology*, (3).
[5] Chen, H. (2012). Medals, Media and Myth of National Images: How Chinese Audiences Thought of Foreign Countries during the Beijing Olympics. *Public Relations Review*, 38.
[6] Eichenauer, Andreas, Brueckner & Lutz. (2018). The Effects of Trade, Aid, and Investment on China's Image in Developing Countries. IDEAS Working Paper Series from RePEc.
[7] Thi, H. T., & Turner, O. (2015). American Images of China. European Journal of American Studies.
[8] TweetBinder. (2022 – 05 – 05). How to Calculate Twitter Impressions and Reach. https://www.tweetbinder.com/blog/twitter-impressions.
[9] TechXav. (2010 – 03 – 21). Happy 4th Birthday Twitter! 2006-Today. https://www.techxav.com.
[10] Xia, F. (2017). Bibliographic Analysis of Nature Based on Twitter and Facebook Altmetrics Data. *PLoS ONE*, *11* (12).
[11] Fang, Z. (2021). Towards Advanced Social Media Metrics: Understanding the Diversity and Characteristics of Twitter Interactions around Science. (Leiden University).
[12] Jenkins, B. (2014). A Brief History of Twitter. *Techniques*, (4).
[13] Auxier, B., & Anderson, M. (2021 – 04 – 07). Social Media Use in 2021. https://www.pewresearch.org/internet/2021/04/07/social-media-use-in-2021/.
[14] Murthy, D. (2013). *Twitter. Social Communication in the Twitter Age.* Cambridge: Polity Press.
[15] Bolding, K. E. (1957). The Image: Knowledge in Life and Society. *The Journal of*

Philosophy, 54 (11).

[16] Bolding, K. E. (1959). National Images and International Systems. *Journal of Conflict Resolution*, 3 (2).

[17] Anholt, S. (2002). Foreword. *Journal of Brand Management*, 9 (4/5).

[18] Anholt, S. (2007). *Competitive Identity, the New Brand Management for Nations, Cities, and Regions*. New York: Palgrave Macmillan.

[19] Anholt, S. (2005). Nation Brand as Context and Reputation. *Place Branding and Public Diplomacy*, (1).

[20] Xie, T., & Page, B. I. (2013). What Affects China's National Image? Across-national Study of Public Opinion. *Journal of Contemporary China*, 22.

[21] Etzioni, A. (1962). International Prestige, Competition and Peaceful Coexistence. *Archives Europeanness de Sociologie*, 3 (1).

[22] Men. H., & Zhou, H. (2012). The Construction of the Chinese National Image and Ways of Communication. International Review, (1).

[23] Silver, L., Huang, C., & Clancy, L. (2022–06–29). Across 19 Countries, more People See the U.S. than China Favorably—But More See China's Influence Growing. https://www.pewresearch.org/topic/international-relations/global-image-of-countries/china-global-image/.

[24] Granovetter, M. S. (1973). The Strength of Weak Ties. *American Journal of Sociology*, (6).

[25] Tang, H., Liao, S. S., & Sun, S. X. (2013). A Prediction Framework Based on Contextual Data to Support Mobile Personalized Marketing. *Decision Support Systems*, 56.

[26] Bourdieu, P., The *Forms of Capital*, Richardson J. G., (1985). *Handbook of Theory and Research for The Sociology of Education*. New York: Greenwood.

[27] Holliday, A., Hyde, M. & Kullman, J. (2004). *Intercultural Communication: An Advanced Resource Book for Students* (2nd ed). London & New York: Routledge.

[28] Rogers, E. M. (1962). *Diffusion of Innovations*. New York: The Free Press.

[29] The White House. (2017–12–18). National Security Strategy of the United States of America. https://trumpwhitehouse.archives.gov/wpcontent/uploads/2017/12/NSS-Final-12-18-2017-0905.pdf.

[30] Kemp, S. (2022–01–26). Digital 2022: Global Overview Report. https://

datareportal. com/reports/digital-2022-global-overview-report.
[31] Kemp, S. (2022 - 01 - 26). Digital 2022: Time Spent Using Connected TECH Continues to Rise. https://datareportal. com/reports/digital-2022-time-spent-with-connected-tech.
[32] Pew Research Center. (2021 - 09 - 20). News Consumption across Social Media in 2021. https://www. pewresearch. org/journalism/2021/09/20/news-consumption-Across-social-media-in-2021/.
[33] Asante, M., Newmark, E., & Blake, C. (1979). *Handbook of Intercultural Communication*. Beverly Hills, CA: Sage.

后　记

看到海外社交媒体上的文本所建构的中国形象有喜也有忧。喜的是中国在世界上的地位和可亲、可爱、负责任的大国形象得到了绝大部分网民的认可。忧的是部分网民仍对中国持有负面的"刻板印象"。对于这些负面言论，我的第一反应是忽视它们，"报喜不报忧"，这样文章也好发表些。但想到作为学者的意义不能只是报喜不报忧，还得对国家和社会负责任，将负面言论暴露出来，让国家和政府知情，从而能从顶层设计上解决这些问题。自己提出微薄建议供国家和政府参考，正好也达到了本项目决策咨询的现实应用价值。也正因此，本书稿引用了一些原文，以便读者对相关内容知情，但同时又基于研究伦理，将普通网民的名字做匿名化处理。但对众所周知的官方媒体、意见领袖、"网红"等，则保留他们的真实名字。

纵观那些推文可知，我们对本国形象的"自塑"目前仍以官方媒体、意见领袖、网民"自说自话"为主，虽说对中国形象的建构能起到一定的互补作用，但难以形成集中的合力，三方需要在联动上下功夫。国家政府也可在顶层设计上考虑如何让这三方产生联动效应。这样遇到负面舆情时，三方可一起集中发力，"自然而然"地化危机为无形。此外，国内网民们对中国的认知与评价也有差异,国家如何让国内参差不齐的网民对中国产生一致良好的评价,还需要付出努力。比如,在住房、教育、反腐、扫黑除恶等社会问题的治理上让老百姓看到政府的诚意和力度,增强他们对政府的信心,使他们对政府产生高度的凝聚力。再如,国民的整体文化素质还需进一步提升,国家要在此方面持续加大投入力度。此外,官方媒体对内、对外传播时要理解受众的心理,不能以"自上而下"的语调进行"宣传",否则易引起受众的反感,而要贴近受众,用受众喜闻乐见的议题和话语进行"传播",甚至还可让海外知名意见领袖亲身参与我国传播活动,这些意见领袖用其本国语言对其本国民众进行传播,传播效果会更好。当然,我国一些在海外知名的意见领袖也要受到国家的重视,国家可利用其在海外的影响力,鼓励其积极传播正面的中国形象,以向海外受众展现积极的中国形象。

学问无止境,每完成一个课题,都会衍生出一些科研感想,会启迪下一个项目的研究;一个项目的结束,意味着下一个项目的开始,接下来将会投入教育部规划课题研究中,继续努力专研。

入科研之道时是青年,而今已步入中年,慨时光之飞逝,愿科研之路常青!本项目结束之时,笔者历经三年申请的国家级一流本科专业(传播学专业)亦已获批,对其付出的时间和精力也不亚于任何已主持的科研项目,算是教学和科研并驾齐驱,都有收获吧。

感谢我的研究生钟浩、柳媛媛、巩雪宁、宋瑾毓,以及本科生方卉、刘天夫、刘泉雯在前期所做的工作,他们对科研表现出来的兴趣令人欣喜,我看着他们由刚入校时的稚嫩慢慢走向成熟,并顺利毕业,奔赴新的就业岗位或进一步深造。感谢戚远博老师在前期为我提供数据来源,为我后续的研究和分析打下了良好的基础。感谢上海哲学社会科学规划办公室组织专家进行结项评审，本项目结项书稿被评定为良好，算是满意的结果吧。本想将此书稿再加以不断优化和精进，奈何工作事务颇多，难再有充裕的时间和精力专攻于此，只能利用碎片化时间加以完善，终究还是没修改到自己最理想的状态而付梓，深感遗憾！

感谢上海社会科学院出版社的编辑为本书出版所做的各项工作。

感谢女儿在学业上没有让我过多操心，她对待中考时不紧张、不复习的淡然着实令我既担惊受怕，又自叹不如，好在其最终也交出了满意的答卷，算是皆大欢喜吧。接下来的高考之路对她更是一种历练，她将在历练中逐渐走向成熟，与此同时对我的依赖将会更少。她收获了成长，我收获了她越来越不依赖我的惆怅，但我会依然一如既往地激励她前行，去追求她自己的梦想！

杨桃莲

于东华大学延安路校区

2024 年 6 月 27 日

图书在版编目(CIP)数据

海外社交媒体传播中的中国国家形象建构 / 杨桃莲著. -- 上海：上海社会科学院出版社，2025. -- ISBN 978-7-5520-4640-3

Ⅰ.D6;G206

中国国家版本馆 CIP 数据核字第 2025TZ9104 号

海外社交媒体传播中的中国国家形象建构

著　　者：杨桃莲
责任编辑：范冰玥
封面设计：周清华
出版发行：上海社会科学院出版社
　　　　　上海顺昌路 622 号　邮编 200025
　　　　　电话总机 021－63315947　销售热线 021－53063735
　　　　　https://cbs.sass.org.cn　E-mail:sassp@sassp.cn
排　　版：南京展望文化发展有限公司
印　　刷：上海颛辉印刷厂有限公司
开　　本：890 毫米×1240 毫米　1/32
印　　张：7.625
插　　页：2
字　　数：179 千
版　　次：2025 年 4 月第 1 版　　2025 年 4 月第 1 次印刷

ISBN 978－7－5520－4640－3/D·755　　　　定价：58.00 元

版权所有　翻印必究